Würste der Hölle

übelsetzungen

Neue Sprachpannen aus aller Welt

Langenscheidt

Berlin • München • Wien • Zürich • New York

Langenscheidt Würste der Hölle
Übelsetzungen – Neue Sprachpannen aus aller Welt
mit Texten von Titus Arnu

Projektleitung: Monika Schaffrath, Eva Betz
Redaktion und Bildrecherche: Monika Schaffrath
Layout: Katharina Steinmetz
Coverfoto hinten: Jan Postberg

Für die Unterstützung bei der Bildrecherche danken wir:
fotocommunity
www.fotocommunity.de

Satz: Regg Media GmbH, München
Druck: Kösel GmbH & Co. KG
Printed in Germany
ISBN 978-3-468-29850-9
www.langenscheidt.de

1. 2. 3. 4. 5. 11 10 09 08

Inhalt

Vorwort

Urlaub kann die Hölle sein. Am Strand lauern tödliche „Warnmarinestachel". Im Wald wimmelt es von „lanusenden Tieren". Auf dem Gemüsemarkt muss man mit gefährlicher „Pilzmanipulation" rechnen. Und dann noch dieses furchtbare Essen: Es gibt „Rasur zum Eisen", „Carpaccio mit Geldstrafe des Tiers" oder „Falten verrückter mit Birkenpilz und Paprika". Urlaub kann aber auch wunderbar sein. Eine Kirche in Frankreich wartet mit einem „Zerstäuber der Umgebungsmusik" auf. Das ist schön. Ein Trampolin in Kroatien ermöglicht es, aus der Arbeitszeit zu springen. Das ist befreiend. Ein Schild in China bittet Touristen: „Please fall into water carefully" – bitte fallen Sie vorsichtig ins Wasser! Das ist nett. Und die Gemeinde Cisano am Gardasee heißt Besucher herzlich zum „Hundertjährigen Vögelfest" willkommen. Das ist einfach geil. Seit das erste Buch *Übelsetzungen. Sprachpannen aus aller Welt* erschienen ist, haben viele Leser Fotos mit

Übelsetzungen per E-Mail und Brief eingeschickt – vielen Dank dafür! Bei der Sichtung von Hunderten von Bildern zeigte sich: Die „Würste der Hölle“ und die „Wahnsinnigen mit gepeitschter Sahne“ im ersten Buch waren halb so wild, denn es gibt noch üblere Übersetzungen. Zu Recht steht auf der Fischkarte eines Restaurants in der Dominikanischen Republik: „Werden Sie sauer Fisch!“ Das sprachliche Inferno ist aber kein Grund zum Lamentieren. Durch üble Übersetzungen gehen weder Abend- noch Morgenland unter. Im Gegenteil: Die Welt wird durch die krassen Fehler reicher und unterhaltsamer. Warum beugen Sie sich also nicht dem „vorhandenen Willen der Zeit“? Mieten Sie doch eine „Furienwohnung“, und lassen Sie es mal so richtig krachen. Vergnügliche Reise!

Titus Arnu

Simone Girardin

Marvaõ, Portugal

SCHULKINDER, die nach einem Urlaub in Marvaõ einen Aufsatz zum Thema „Mein schönstes Ferienerlebnis" schreiben müssen, haben es leicht. Sie können einfach kurz den Turm beschreiben, den sie dort mit dem Fernglas vom Strand aus gesehen haben, fertig ist der Text, denn das Gemäuer *ist* ein Aufsatz.

Zu Gast bei Freunden

Deutsche werden im Ausland im Allgemeinen sehr nett behandelt, auch verbal, denn vielerorts heißt es mittlerweile: „Spreaken Deutch“. Die Gastgeber praktizieren verstärkt deutsche Lebensgewohnheiten wie Mülltrennung, Kloordnung und Kehrwoche. Auf Sizilien stellen Verkehrspolizisten neuerdings sogar Strafzettel in einer Art gestelztem Amtsdeutsch aus, das keine deutsche Behörde unverständlicher hinkriegen würde. Da fühlt man sich als Urlauber gleich wie zu Hause.

Marc Simon Bürkle

Mojácar, Spanien

DEN SOZIALEN STATUS eines Menschen sollte man nicht an den Zähnen ablesen können, forderte Gerhard Schröder vor der Einführung des Hartz-Konzeptes – aber was soll man als Auslands-Arbeitsloser in Spanien mit Karies tun? Einen teuren Rückflug in die kalte Heimat buchen? Zum Glück gibt es vor Ort den sprachbegabten „Zanhartz“, der sich auf Hartz-IV-Patienten spezialisiert hat.

Marc Dähmlow

Salar de Uyuni, Bolivien

EIN KLEINER ORT in Bolivien, ein kleines Haus mit einer kleinen Diskothek, ein kleiner Mann mit kleinem Hut – logisch, dass man dort keine Riesennacht erlebt, sondern eher eine kleine. Aber in diesem Fall sollte man nicht kleinlich sein, das „Tuta Chaskita" ist die einzige Disco weit und breit, und ein größeres Wort passt einfach nicht neben „Night". Höchstens ein kleineres: ... Club.

Jan Postberg

1 *Moulinet, Frankreich*

Dennis Richter

2 *Cisano, Italien*

3 *Tremosine, Italien*

1 HOLLÄNDISCHE Touristikunternehmen haben eine Marktlücke im Psycho-Reise-Sektor entdeckt: Sie bieten speziell ausgestattete Appartements für rasende Reisende an. Die „Furienwohnungen" verfügen über schalldichte Wände, gepolsterte Türen und Plastikgeschirr – niemand kann sich verletzen, nichts geht kaputt. Familien mit Furien können sich auf furchtlose Ferien freuen. Bitte ganz ruhig bleiben, verehrte Furien: „Te huur" ist nichts Anstößiges, es bedeutet „zu mieten".

2 CISANO am Gardasee ist ein beliebtes Lustreiseziel. Der Bardolino, ein süffiger Rotwein, kommt aus der geilen Gegend am sündigen Südende des Sees, und einmal im Jahr ist mitten auf der Piazza das „Hundertjährige Vögelfest". Die Sagra dei Osei ist allerdings keine Massenorgie, sondern ein Markt, auf dem Singvögel verkauft werden.

3 DIE TERRASSE des Hotels Paradiso bietet sensationelle Rundschau-Möglichkeiten. Allerdings ist es dort recht zugig, Gäste kommen leicht ins Frösteln. Höhenangst darf man auch nicht haben, denn die Terrasse liegt an einem Steilufer hoch über dem Gardasee. Eine echte Schauderterrasse also.

Ilona Schroer

Fuerteventura, Spanien

DIESES SCHILD ist bewusst abstrakt gehalten. Schwarze Buchstaben auf weißem Grund. Manchen Touristen ist so etwas fast schon zu irreal. Wer es gerne ausführlicher und persönlicher mag, kann in den Laden gehen und dort um Veranschaulichung bitten. Ein fest angestellter Lyriker schildert den Bedürftigen in ebenso treffenden wie blumigen Worten, dass es sich um einen Aussichtspunkt handelt und wo dieser zu finden ist. Das ist konkrete Poesie.

Karl Ernst Tielebier-Langenscheidt

Viele Rahmen werden verwertet, um anzuzeigen, wie gut peole gefüttert werden; ihr gesamter Ernährungsstatus; die durchschnittliche Lebendserwartung; acess zu medizinischen Möglichkeiten; Lese-und Schreibkundigkeit und Bildungsmöglichkeiten; verschiedene Niveaus von Sachkenntnissen, mit sich schnell ändernden wirtschaftlichen und sozialen Anforderungen fertig zu werden. Man kann noch viele Hinweise der Lebensqualität einschließen. Noch gibt es eine nörgelnde Sorge, wenn wir das Amulett pescreibed durch Mahatma Ghandi anwenden. Sein bemerkenswert simle Kriterium war, dass everysection pro-beschleunigt oder nachsann, sollte in seiner Erfüllung, die Tränen von apoor und unten beschrittene Person wischen.

DAS UMWANDELN Indiens in eine entwickelte Nation sei in vollem Gange, schreibt der ehemalige indische Präsident Abdul Kalam im Magazin „Perspektiven Indien“. Den Fortschritt des Landes erkenne man schon daran, „wie gut peole gefüttert werden“. Aber noch gibt es eine „nörgelnde Sorge“, wie Kalam anmerkt. Da möchte man gerne mitnörgeln. Ein Magazin, das mit der Titelzeile „Das knospen Indianische Wirtschaft – Ein glänzendes Steigen“ erscheint, ist sprachtechnisch noch nicht ganz an der Weltspitze.

Carina Hansen

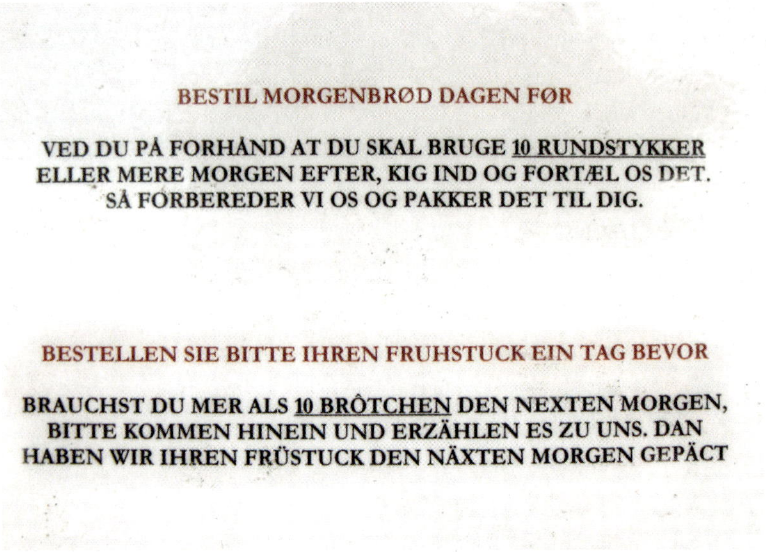

1 *Anholt, Dänemark*

Astrid Sieker

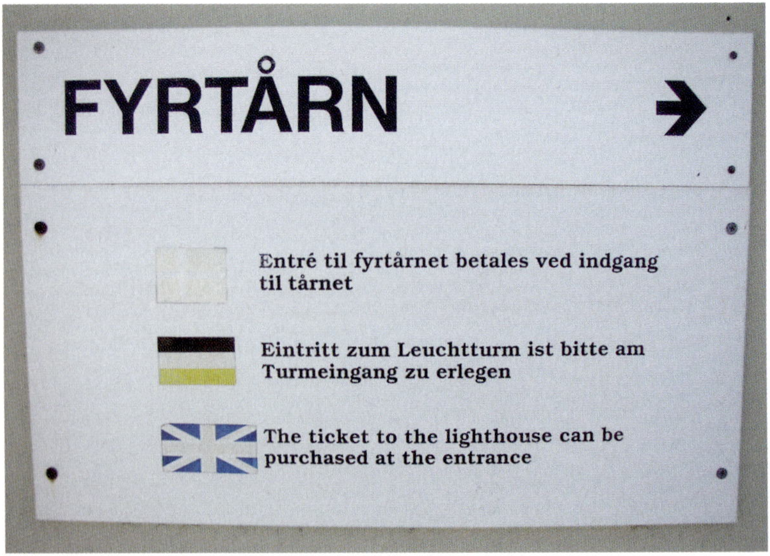

2 *Hanstholm, Dänemark*

Vincenza Jahn-Casà

3 *Pizzo Calabro, Italien*

1 BRÖTCHENSÜCHTIG? Mensch, das ist doch kein Problem. Brauchst du morgens zehn Brötchen, obwohl du abends schon 25 vertilgt hast? Kein Thema. Komm rein, die Tür steht immer offen. Erzähl einfach von deiner Sucht. Keiner lacht dich aus. Den „näxten" Morgen ist die Brotzeit-Dosis „gepäct". Von Pac-Man persönlich. Doch, wirklich.

2 EIN LEUCHTTURM steht für Weit- und Umsicht – was auf die Verfasser des Schildes nicht zutrifft: Deutsche Besucher müssen den Eintritt erst jagen und dann möglichst am Eingang erlegen, um den Turm betreten zu können. Na ja, Leuchtturmwärter müssen ja nicht unbedingt auch sprachlich eine Leuchte sein.

3 WAS DEUTSCHE Touristen in italienischen Geschäften von sich geben, ist oft eine Zumutung: „Uno Bildzeitung, quattro Semmeln and due Cappuccinos!" Die Betreiber dieses Kiosks geben sich umgekehrt alle Mühe, den Gästen mit ein paar Wörtern entgegenzukommen. Auf dem Spickzettel steht, was „Ciao" heißt und wie es ausgesprochen wird (cius), wie man heute und morgen sagt – und die Zahl „Noinzig". Warum nur die „Noinzig"? Wahrscheinlich ist das der Preis für uno Bildzeitung.

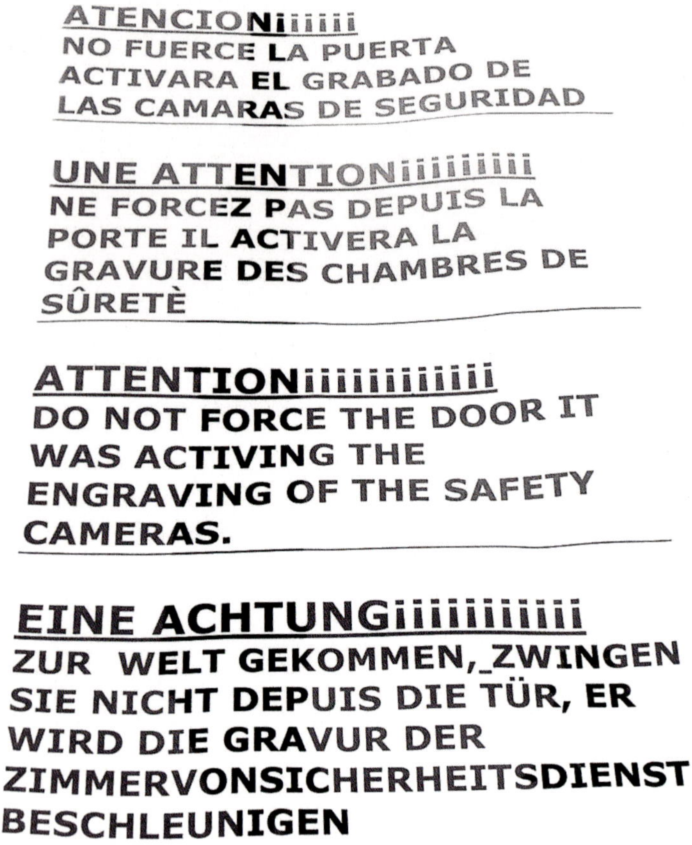

Doris Fischl

Algeciras, Spanien

MANCHE LEUTE sind zur Welt gekommen, um zu drängeln. Diese Sorte von Menschen muss in Algeciras aufpassen, denn dort gibt es eine Tür, die Drängler per Überwachungskamera erkennt. Es hat keinen Zweck, die Tür zu irgendetwas zu zwingen, denn dann passiert etwas Gravierendes: Der „Zimmervonsicherheitsdienst“ wird beschleunigt. Dieser Mechanismus funktioniert ganz einfach: „Cámara“ heißt auf Spanisch auch „Kammer“. Wie das „depuis“ reingerutscht ist? Das muss der Sicherheitsdienst klären.

Sven Degen

Korsika, Frankreich

EINE CAMPINGPLATZ-TOILETTE ist eine unangenehme Örtlichkeit, deshalb ist es zu begrüßen, wenn die karge Atmosphäre durch höfliche Hinweise aufgewertet wird. Der Satz auf dem Schild bringt einen aber ins Grübeln. Was hätte man erwartet, indem man hineingeht? Wen oder was hofft man, dort zu finden? Was wünscht man sich letztlich von Toiletten? So wird ein stinknormaler Klogang zum philosophischen Vorgang aufgewertet. Danke dafür.

Marc Dähmlow

Arad, Rumänien

DIE RUMAENISCHE POLIZEI BEHOERDE
INSTITUT FUER FORSCHUNG UND VORBEUGUNG DER KRIMINALITAET

Damit Ihr Aufenthalt in Rumaenien angenehm sein soll, empfehlt die Rumaenische Polizei auf folgendes aufmerksamm zu sein:

BARGELD
Bitte die Wertgegenstaende und Geld in den Seif des Hotels zu uebergeben.
Bitte mit sich nur kleine Summen von Geld fuer die Einkaufe mitzunehmen.

CREDIT CARD
Mit credit card koennen Sie in mehreren Geschaeften, Tankstellen und Restaurants einkaufen gehen. Bitte aber vor solcher Zahlung diese Lage zu pruefen.

GELDWECHSEL
Geldwechsel koennen Sier nur bei der Wechselstube und bei der Bank richtig taetigen.

GEPAECK
Bitte Ihr Gepaeck aufmerksamm in vollen Raumen und Transportmittel ueberwachen.

TAXI
Bevor Sie in Taxi einsteigen bitte Sie sich um den Preis zu erkuendingen und nach der Reise beim Absteigen die Rechnung zu verlangen.

GELEGENTLICHE FREUNDSCHAFTEN
In Rumaenien ist die Prostitution illegal. Sie koennen leicht als Opfer geraten.

DROGEN
Das rumaenische Gesetz verbieten in Rumaenien den Verbrauch, Transport, Kauflich und Aufbewahrung der Drogen.

Fuer jedwelche Informationen bitte wenden Sie sich an die Polizisten in Uniform von der Strasse.
Bitte fuer jedes entstandene Problem mit der Polizei, dieses nur im Polizeiamt zu klaeren.

112

Telefon fuer dringende Probleme
POLIZEI
ERSTE HILFE
FEUERWEHR

OBWOHL Rumänien zur EU gehört, erscheinen dem Westeuropäer dort noch viele Dinge fremd. Deshalb hat die Polizei einige Hinweise veröffentlicht. Geld und Wertgegenstände werden dem „Seif des Hotels“ übergeben, was den Vorteil hat, dass die Sachen hinterher sauber sind. Die Polizei empfiehlt also Geldwäsche. Von gelegentlichen Freundschaften rät sie aber ab.

STADT' VON TAORMINA
KÖRPER VON GEMEINDE POLIZEI
Corso Umberto 219
98039 TAORMINA

MÜNDLICH VON VERLETZUNG Á. DIE NORMEN VON DEM KODE DER STRAßE
(Art 201 des d. L.vo 30.04.1992 Nr. 285 und art. 385 des Reglements von und folgende Änderungen)

Mündlich Z 0027866 Register 016210 VON DEM 13/06/2006

Am Stunden 13/06/2006 pro stunden 15:25 in die Gemeinde von TAORMINA : P.ZZA SAN DOMENICO DE GUZMAN
der Übertreter AUTOVETTURA FIAT mit Schild DB008AC,
Herr .
wird in das geboren
und Bewohner in in die Straße ,
mit Führerschein Kategorie: n° läßt das frei von von gültigem zum

Besitzer/Solidarisch/Leasingnehmer: [redacted] das wird geboren 11/09/1959 zu [redacted]
Bewohner zu [redacted]
in [redacted]

es verletzte die folgenden Artikel: 007 1-14, , , , vom Kode der Straße weil:

SPROVVISTO DI PASS SOSTAVA IN AREA RISERVATA AI POSSESSORI DI " PASS". LA SANZIONE ACCESSORIA NON E' STATA APPLICATA PER MOTIVI TECNICI

Fehlt Protest:
ACCERTAMENTO IN ASSENZA DEL TRASGRESSORE/PROPRIET.

Andere Sanktionen : RIMOZIONE DEL VEICOLO;;;

Precedente notifica a SECURITIFLEET SRL nato il 1900 a
Reintestazione eseguita il 25/01/2007 a seguito comunicazione precedente proprietario e/o accertamento d'ufficio

Beschaffenheit von Zahlung, du siehst Rückseite,:
Innerhalb 60 Tage nach dem Datum von Meldung des anwesenden Protokolls wird die befreiende Zahlung zugelassen, gleic
befestigt von der Norm von Euro: 35,00 , Kosten von Euro Verfahren 13,00 e
Meldung von Euro 5,60, über eine Summe von Euro 53,60

Ausländische Zahlungen müssen geleistet werden durch "International Postal Money Order" zahlbare zu:
COMANDO POLIZIA MUNICIPALE DI TAORMINA (ME) 98039 ITALIA

Die Agenten Gemeinde: ISLANDA CARMELO ,

DIE POLIZEI in Sizilien zeigt sich von ihrer fremdenfreundlichen Seite. Knöllchen für deutsche Touristen sind in Deutsch abgefasst. Besser gesagt in einer Art Deutsch, denn „der Körper von Gemeinde Polizei" pflegt einen kreativen Mix aus Amtssprache, Deutsch und Italienisch. Die „Verletzung von dem Kode der Straße" ist nicht leicht zu verstehen, der entscheidende Teil ist leider auf Italienisch formuliert. Gegen das Knöllchen kann man protestieren mit den Worten: „Ich bekämpfe das anwesende Protokoll von Feststellung." Ob das hilft?

Karsten Gebhardt

Teplice, Tschechien

DER „MILAN MARKET“ tarnt sich als Kiosk, an dem es Zigaretten und Limo gibt. Dabei handelt es sich um eine Großhandlung für Geheimbedarf. Spione aus ganz Europa reisen mit LKWs an, um sich mit falschen Schnurrbärten, Zaubertinte und anderen Utensilien einzudecken. Was die Geheimagenten mit den Zweigen machen? Ist streng geheim.

Jürgen Jabs/Volier Ernst

Brandenburg, Deutschland

PIONIERE des tierisch korrekten Fast-Foods haben das erste Drive-through-Restaurant für Veganer eröffnet. Beim Namen des Imbissladens waren die Betreiber besonders kreativ. Sie haben ihren Laden nicht einfach „McVeggie“ genannt oder „Mampf'n Gemüse“, sondern, mit ebenso blumigen wie passenden Worten, „Frisne Blumen“.

Susanne von Kalinowski

1 *Sizilien, Italien*

Romy Savoldi

2 *Sao Miguel, Portugal*

Sabine Gebele

3 *Würzburg, Deutschland*

1 AUF ITALIENISCH und Französisch werden Touristen im sizilianischen Tal der Tempel charmant um eine kleine Spende für das oft fotografierte Pferd Marco gebeten. Die deutsche Übersetzung ist sehr frei – und bitter für Marco. Geld für „Bitter Hafer"! Also bitte.

2 AM FLUGHAFEN Ponta Delgada auf der Azoren-Insel Sao Miguel können Reisende in diesem Spezialgeschäft für „Ausmerkfamkeiten" Last-Minute-Geschenke erstehen – kleine Sachen wie Praschinenlachteln, Parfämflüschchen oder Rotpeinwullen. Die Hieben daleim werden sich bestimmt freuen, wie sorgfältig die Präsente ausgewählt sind.

3 FUSSBALL knotet die Welt auf. Dieses Motto gilt besonders, wenn man „Cage Soccer" spielt. Bei dieser Trendsportart treten die Mannschaften in einem Käfig gegeneinander an, der aus Tornetzen geknüpft ist. Das kann sinnvoll sein, wenn man im Knast oder auf einem Wolkenkratzer kicken will. Aber kommt es beim Afrika-Festival in Würzburg nicht eher auf das Überwinden von Grenzen an? Vielleicht ist ja auch das Gegenteil von Aufbinden gemeint: Football unites the world – Fußball verbindet die Welt.

Sylvia Rugullis

Korsika, Frankreich

ES GIBT ganz klare Toilettenregeln, die weltweit ähnlich und leicht zu befolgen sind. Auf die eine Sorte von Klos dürfen nur Frauen, auf die andere nur Männer. Auf dieses stille Örtchen in einer Raststätte auf Korsika dürfen nur die „gestern". Und die heute? Was ist mit denen morgen? Aber wahrscheinlich dürfen nur Gäste des Lokals die Toilette benutzen, ob gestern, heute oder morgen.

Bernhard Kellner

Neapel, Italien

IN TURIN zieht das Leichentuch Christi Horden von gläubigen Touristen an. In der Kirche San Giovanni in Neapel gibt es ein „Hordentuche“, für das am Ausgang Opfergaben gesammelt werden. Aber welche heilige Horde wohl mit dem Tuch zu tun hat? Das ist vielleicht „Glaobenssache“, aber es könnte sich um eine Übersetzungssünde handeln, denn „ordinarie“ heißt unter anderem „gewöhnlich“ oder „ordentlich“.

Lothar Schulz

Cap d'Agde, Frankreich

WER ODER was schwimmt sich nicht in der Nähe der „wellonbrecher“? Die Gefahr? Und was sind eigentlich „wellon“? Diese Fragen sind schwer zu beantworten, deshalb geht man am besten nach 18:30 Uhr oder von November bis April schwimmen, dann kann laut Schild anscheinend nichts passieren.

Badespaß

Ein Hauptgrund, warum sich Urlauber bei extremer Hitze stundenlang in Staus stellen, ist das Meer. Alle wollen im Sommer verschiedene Körperteile in Salzwasser baden, weil das angeblich total entspannend ist. Dabei kann man am Meer von Quallen gequält, von der Sonne verbrutzelt und von brachialen „wellonbrechern“ versenkt werden. Wenigstens gibt es für Notfälle einen „Flur des Entweichens“, durch den die „Schwimmretter“ die „Saufsicht“ behalten.

Christine Alles

1 *Banyuls-sur-Mer, Frankreich*

Sabine Dieckmann-Lagrasta

2 *Sardinien, Italien*

Otto Schulz

3 *Limra, Türkei*

1 HIER IST das Meer besonders tückisch. Bei schlechtem Wetter entsteht das Phänomen der „hohlen See“, das Wissenschaftlern Rätsel aufgibt. Die Oberfläche ist aufgewühlt, und unter den Wellen verbergen sich Hohlräume, die Schwimmer verschwinden lassen. Die Ursache dafür könnte sprachlicher Natur sein: Aus den Untiefen der Rechtschreibung hat es ein L an die Oberfläche gespült, obwohl es da gar nicht hingehört.

2 DER ÜBERSETZER dieser Warntafel hat sehr viel Sprachgefühl bewiesen, denn der Satz endet in allen Sprachen mit einem Wort, das mit S beginnt – Salvataggio, Sauvetage, Service. Also für die deutsche Version: „Saufsicht“. Das klingt logisch und ist nachvollziehbar: Beim Baden ohne Rettung hat der Betroffene beziehungsweise Besoffene, dem die Flüssigkeit bis zur Nase steht, tatsächlich eine bedrohliche „Saufsicht“.

3 WENN AN einem Strand Lebensretter im Dienst sind, ist das eine tolle Sache. So ein Leben ist es ja manchmal wert, gerettet zu werden. Überflüssig erscheinen dagegen die Schwimmretter. Man möchte ja nicht vor dem Schwimmen gerettet werden. Günstiger ist es für Schwimmer, ins Wasser zu gehen, wenn die Schwimmretter nicht im Dienst sind.

Siema, Malta

Angela Klette

EINE FARBLICH topp gestaltete Topp-Übersetzung an einem Topp-Strand. Konsequent ist der zentrale Begriff „topless“ in fast alle Sprachen übertragen worden, ohne ihn anzutasten – natürlich aus Gründen des guten Tons. Zur Sicherheit steht oben auf dem Schild noch einmal auf Englisch, dass „topless“ so gar nicht geht. Das Gebot gilt eben auch für die Hinweistafel: Niemals oben ohne.

1 *Ibiza, Spanien*

Tanja Posselt

Simone Rabea Döring

2 *Jesolo, Italien*

1 EINE RUNDFAHRT in einem Glasbodenboot ist eine faszinierende Sache, aber auch ein bisschen gefährlich. Passagiere sollten damit rechnen, dass die Unterseite des Bootes Brennholz, eine „Nova" sowie eine gewisse „Mastella" durchbohrt. Der Untergang ist hoffentlich nur sprachlicher Art: „Cala" heißt Bucht und wurde falsch als Verb übersetzt (calar: durchbohren; cala: es durchbohrt). Beunruhigend bleibt der Hinweis auf den „Rest eines gesunkenen Schiffs", „das auch sie werden".

2 ITALIENER und Vögel, ein heikles Thema. In norditalienischen Restaurants findet man gelegentlich „ucelli" auf der Speisekarte – geschmorte Singvögelchen. An den Piepmätzchen ist zwar nichts dran, aber deshalb lassen sich die Italiener ihren Verzehr noch lange nicht verbieten. Umso erstaunlicher, dass es Touristen verboten ist, einen Schwan zu futtern – da wäre wenigstens was dran. Aber dem Leser schwant es längst: Das Problem liegt im heiklen Umgang mit Umlauten.

Bert Kastenholz

Riccione, Italien

WAHRE GENTLEMEN verlieren niemals die Haltung, selbst wenn sie es eilig haben. Würde James Bond zum Beispiel in ein Schnellboot springen und laut schreien: „Weg hier, und zwar schnell, verdammt noch mal!"? Nein. Er würde sich einen Martini einschenken, den Sand von den Lederschuhen wischen und sein Boot elegant durch den „Flur des Entweichens" auf das offene Meer steuern. Ein einfacher Bootskorridor wäre ihm viel zu schnöde.

Andrea May

Town of 1770, Australien

WÜRFELQUALLEN, Monsterhaie, Giftschlangen – die übelsten Viecher haben sich in Australien niedergelassen. Besonders fies ist der „Warnmarinestachel". Das Tier tarnt sich als Geschenk, lauert Touristen auf und sticht dann zu. Die Erklärung für diese Übelsetzung ist teils harmlos („present" heißt „Geschenk" und „vorhanden") und teils bitterer Ernst: „Marine stinger" wird korrekt mit „Seewespe" übersetzt. Hierbei handelt es sich um eine Quallenart, die ein häufig tödliches Nervengift absondert.

Andreas Gripp

1 *Hurghada, Ägypten*

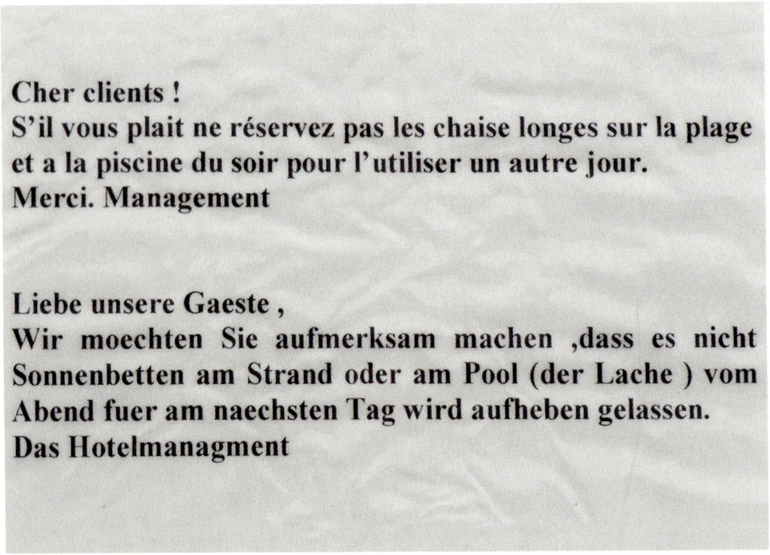

Dagmar Richardt

2 *Hurghada, Ägypten*

Sebastian Dechert

3 *Angkor Wat, Kambodscha*

1 TOURISTEN machen manchmal so blöde Sachen. Sie nehmen so Souvenirs mit, brechen so Ecken ab von antiken Tempeln und so. Stecken so Seetiere in Tasche von Badehose. Dabei ist es so was von verboten „Koral so tragen won dem Meer“. So! Das musste mal gesagt werden.

2 EIN SELTSAMES Hotel: Statt eines Pools gibt es nur eine Lache, und Sonnenbetten darf man dort nicht aufheben lassen. Was aber, wenn so ein Sonnenbett in die Lache fällt? Darf man es dann auch nicht aufheben lassen? Das alles könnte zum Lachen sein, aber das Aufheben von Sonnenliegen ist ein ernsthaftes Problem.

3 EINE REISE durch den Dschungel ist äußerst strapaziös – es ist heiß, es ist feucht, und die Magen-Darm-Situation ist oft beklagenswert. Gerne hätte der Europäer in solchen Situationen eine schöne gepflegte Toilette. Ein Händler an der Straße von Angkor Wat in Kambodscha nach Trat in Thailand hat die Marktlücke entdeckt und vermietet Klos.

El Bousten Hôtel   نـــزل البستـــان

Hammamet   الحمامـات

L U N C H

HOURIA AU THON
HOURIA SALAT MIT THUNFISCH
HOURIA SALAD WITH TUNNY

COQUILLETTES " BOLOGNAISE "
NUDELN NACH BOLOGNESER ART
NOODLES " BOLOGNAISE "

MAQUEREAU AU VIN BLANC
ZUHALTER IN WEISSE WEIN
MAQUEREAU IN WHITE WINE

COUPE DE FRAISES / ERDBEEREN / STRAWBEERYS

Hammamet, Tunesien

D I N N E R

CONSOMME VERMICELLE
VERMICELLI KLARE-SUPPE
SOUP WITH VERMICELLI

OEUF A LA TRIPE
EIER AN CREME SAUCE

IN DIESEM Etablissement können Kunden für wenig Geld einen „Zuhalter“ bestellen, dazu passend einen Houria-Salat. Was macht ein Zuhälter auf einer ansonsten recht ordentlich wirkenden Speisekarte? Im französischen Original wird das Gericht mit Makrele zubereitet. „Maquereau“ heißt auf Französisch aber auch Zuhälter – und Houria-Salat ist eine scharfe tunesische Spezialität aus Karotten und Paprika.

Mahlzeit!

Der Trend in der Gastronomie geht zu saisonaler, regionaler Kost. Moderne Touristenlokale bieten deshalb gerne „Zeitobst“ oder „Obst Meer“ an, je nachdem, ob sie auf der Höhe der Zeit oder auf Meereshöhe liegen. Aufwändige Menüs mit angeberischen Namen sind out, gefragt sind einfache, authentische Gerichte. Ein paar köstliche Beispiele, die wir appetitlich auf den folgenden Seiten angerichtet haben: Schlange mit Sauce, „Weihnachtsbaum-Stamm“ und gekochter Dickdarm.

Anette Müller

1 *München, Deutschland*

Bodo Schubert

2 *Mallorca, Spanien*

1 EIN TOTALER Schmarrn. Im Löwenbräu-Zelt auf dem Oktoberfest haben sie sich tatsächlich um eine englische Übersetzung für „Kaiserschmarrn" bemüht. Eine Aktion, die genauso süß und überflüssig ist wie das Apfelmus auf dem Teller – zu einem echten Schmarrn gehören Zwetschgenröster oder Preiselbeeren.

2 DIESER LADEN am „Ballermann" auf Mallorca ist gut sortiert und auf deutsche Urlauber perfekt vorbereitet. Es gibt Erfrischungen, „Sanswiche" und Eiscreme. Noch was vergessen? Meistens vergisst man ja was Wichtiges beim Einkaufen ... ach ja, Gedächtnisse kann man auch dort kaufen, wenn man seines im Sangria ertränkt hat. Gedächtnisse? Wenn wir uns richtig erinnern, heißt Gedächtnis auf Spanisch „memoria" – und „recuerdos" sind Andenken.

Jochen Lengerke

3 *Madeira, Portugal*

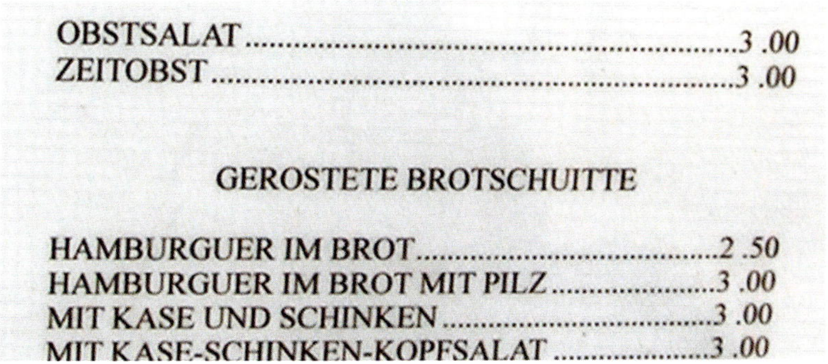

Birgit Strehl

4 *Lissabon, Portugal*

3 DAS „TRIO des Heims hat Eis und sorbets gemacht“! Das ist schön, aber aus welchen drei Personen mag das Trio bestehen? Vater, Sohn und eisheiliger Geist? Und was muss man an der Waffel haben, um in ein Eis-Heim eingewiesen zu werden? Offensichtlich wurde da aus der englischen Version etwas zusammengerührt, was nicht zusammengehört.

4 WER NACH dem Essen nur wenig Zeit für ein Dessert hat, kann ja schnell ein „Zeitobst“ verspeisen: Einen 2-Minuten-Apfel etwa, eine Sekunden-Kiwi oder eine Viertelstunden-Ananas. Tickt's bei denen noch richtig in diesem Restaurant? Um es kurz zu machen: „Frutta del tiempo“ sind Früchte der Saison, nicht der Zeit.

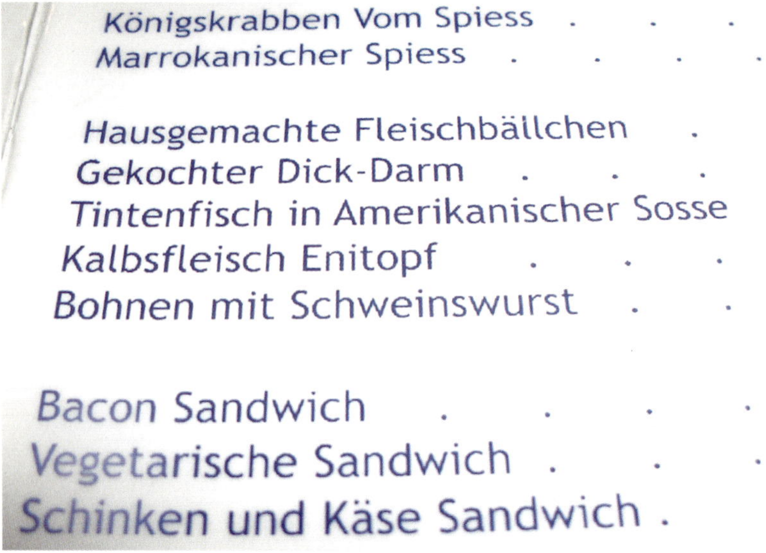

Helga Bade

1 *Lanzarote, Spanien*

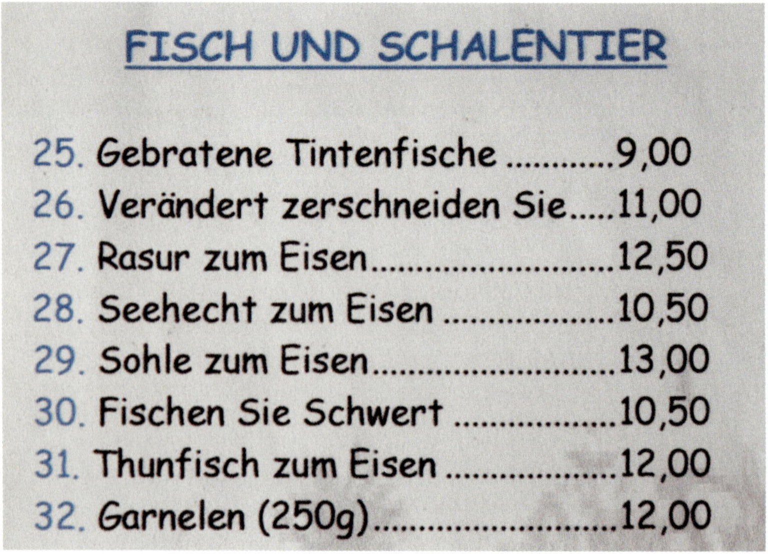

Elke Heibutzki

2 *Tarifa, Spanien*

Dina Deus

3 *Playa Tambor, Costa Rica*

1 ÜBERTRIEBEN gestelzte Namen für Gerichte können einem auf die Geschmacksnerven gehen. „Duett vom freilaufenden Soundsoviech mit Heukruste und der knusprigen Frühlingskeule an Estragon-Schäumchen" – das macht satt, bevor man mit dem Essen anfängt. Wie sehnt man sich nach Einfachheit in der Küche! Gegrillter Fisch, Pasta, gekochter Dickdarm. Na gut, etwas feiner könnte es dann doch sein.

2 IM RESTAURANT Alameda kocht ein schwerer Junge, der hammerharte Sachen serviert: verschiedene Gerichte mit Metall, die vermutlich schwer im Magen liegen. Zum Eisen gibt es Sohle, Seehecht oder eine Rasur. Wem das nicht passt, der kann sich ein Schwert fischen und damit alles kurz und klein schneiden. Die eisenharte Erklärung: „Plancha" heißt Bügeleisen, „a la plancha" eigentlich gegrillt. Und die Rasur ist ein falsch übersetztes Meerestier – die Schwertmuschel (navaja).

3 „LOMO DE RES" heißt „Rinderfilet", und das Fleisch dafür stammt bekanntlich aus der Lende. Aber die Frage ist, ob das Restaurant dieses Gericht auch führt? Das dachte sich der Übersetzer, der bei seiner Arbeit anscheinend Hunger hatte.

Irene Fromm

Menü

Natüliche Spargelcremesuppe
Mit Spitzen des Schhinkens
Und gebratene Brot-Wüerfel

* * * * * *

Zertrampelter Lachs auf bett des Gemüses
In Garnelen Pernod Sosse

* * * * * *

Cava una Melone Sorbett

* * * * * *

Die traditionelle in seinem Saft höchste Türkei
Gebackene Kartffeln
Gemischt pepers
Gedünsteter Rosenkohl

* * * * * *

Weihnachtsbaum-stamm

* * * * * *

Traditionelles Weihnachten-Nugat

* * * * * *

Teneriffa, Spanien

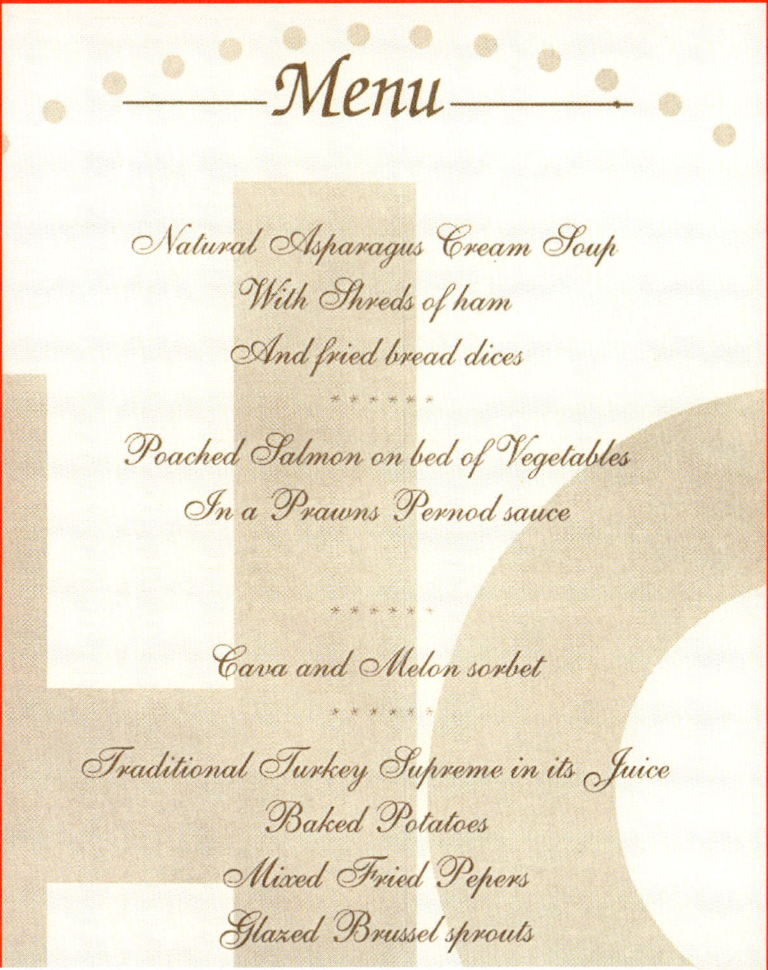

Menu

Natural Asparagus Cream Soup
With Shreds of ham
And fried bread dices

* * * * * *

Poached Salmon on bed of Vegetables
In a Prawns Pernod sauce

* * * * * *

Cava and Melon sorbet

* * * * * *

Traditional Turkey Supreme in its Juice
Baked Potatoes
Mixed Fried Pepers
Glazed Brussel sprouts

WEIHNACHTEN im Hotel Las Vegas, das ist etwas ganz Besonderes. Die kreativen Köche geben sich große Mühe, innovative Kost auf den Tisch zu bringen. Während man sich das Dessert noch als eine Art Baumkuchen vorstellen kann und die „höchste Türkei" ein falsch übersetzter Truthahn (Turkey Supreme) ist, hinterlässt der brutal zertrampelte Lachs nur Zerknirschung beim Gast, denn auf Englisch wird er vergleichsweise schonend pochiert.

Ina Kaese

1 *Mallorca, Spanien*

Conny Wagner

2 *Puerto Plata, Dominikanische Republik*

1 BEI DIESER Imbissbude kräuseln sich einem die Stirnfalten. „Süsses kräuselt" oder „salzig kräuselt". Ein süßer Fehler: Kräuseln heißt auf Französisch „crêper".

2 DER SÜSS-SAURE Fisch muss auf seinem Leidensweg aus dem Spanischen über das Englische und Italienische ins Französische einiges mitmachen. Aus dem ohnehin schon heiklen Gericht wird in der französischen Version ein „Fisch vergammeln süß". Das ist hart, da kann man schon mal sauer werden als Fisch!

Maria Loher

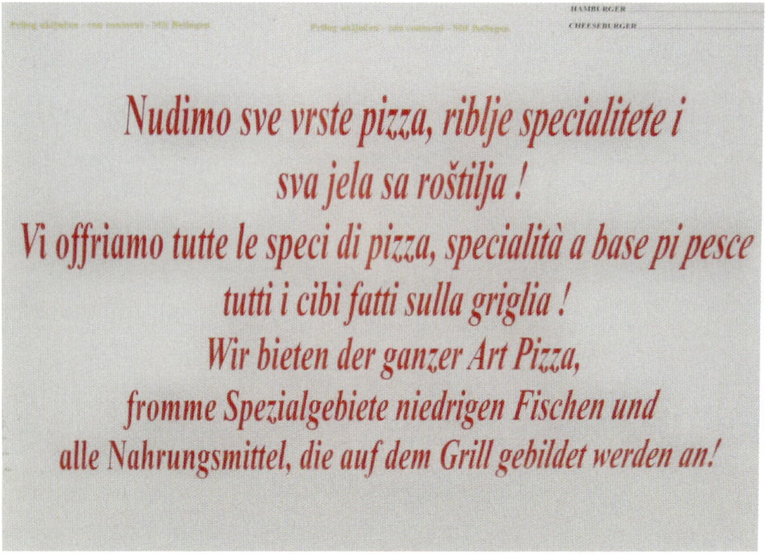

1 *Medulin, Kroatien*

Julia Krumme

2

Wolfgang Krugel

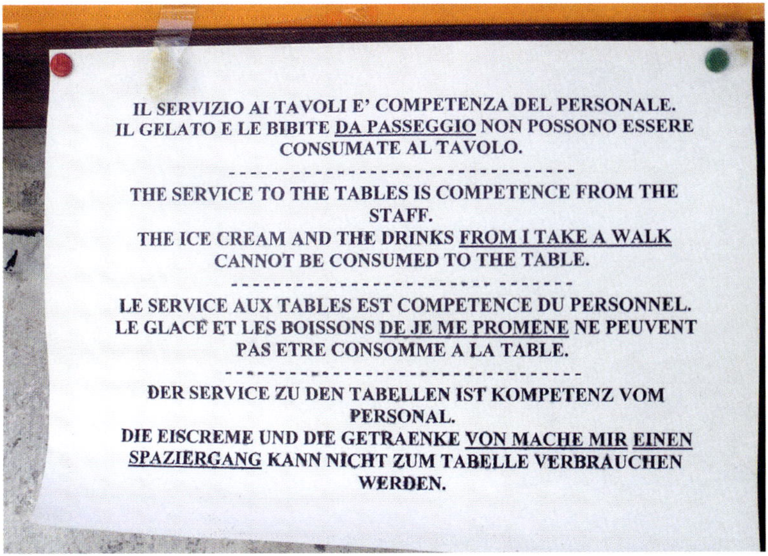

3 *Venedig, Italien*

1 ZU DEN „frommen Spezialgebieten" dieses Lokals gehört das Grillen von „niedrigen Fischen". Wer's glaubt, wird selig: Der Fehler kommt aus dem falsch übersetzten falschen Italienisch: „A base pi pesce" sollte richtig „auf der Basis von Fisch" heißen.

2 DIESER KAFFEE aus Kenia ist ein exklusives Produkt. Damit er einen vollmundigen Geschmack hat, wird er „von Bohnenhand" gewählt. Die Sonne, unter der die Pflanze wächst, ist getrocknet, das gibt es weltweit nur einmal. Die würzige Note erhält der Kaffee durch eine Vermischung mit „mittelmäßigem Braten". Klingt total lecker, aber „medium roast" könnte man auch ganz langweilig mit „mittlere Röstung" übersetzen.

3 DAS EIS in dieser Gelateria mag lecker sein, aber das Schild sollte man sich auch auf der Zunge zergehen lassen: „Die Eiscreme und die Getränke von mache mir einen Spaziergang kann nicht zum Tabelle verbrauchen werden." Köstlich. „Passeggio" heißt tatsächlich „ich mache einen Spaziergang", „gelato da passeggio" ist aber Eis zum Mitnehmen. „Tavolo" kann man mit Tisch oder Tabelle übersetzen. Gemeint ist, dass man Eis zum Mitnehmen nicht am Tisch essen darf.

Adam Ross

Seoul, Südkorea

EIN SOFTDRINK sollte soft schmecken. Hart ist es dagegen, wenn das Gesöff nach Schweiß riecht und auch so schmeckt – wie das Getränk namens Sweat (Schweiß), in schweißtreibender Arbeit abgefüllt vom Hersteller Pocari.

Cathy Valladares

New York, USA

EINE RÄTSELHAFTE Geburtstagstorte: Sie ist nicht für einen bestimmten Menschen gedacht, der an einem bestimmten Tag Geburtstag hat, sondern sie gilt für den gesamten Monat August. Gefeiert wird ein (one) Zeh (toe). Aber wer ist „ver“? Der Bäcker kann zwar gut mit blauem Zuckerguss umgehen, aber er hat die Silben nicht fachgerecht zusammengeklebt. Außerdem fehlt ein Y – korrekt wäre der Pauschal-Geburtstags-Kuchen mit dem Wort „everyone.“

Julia Krumme

A55. 江南醉雞腿
Trunken Hähnchen-Schenkel • *Drunken Chicken Legs*
A56. 白灼中蝦
Gekoch Garnelen mit Soja Soße

A29.味菜大腸
Dickdarm mit präserviertes-Gemüse
Pig Intestine With Preserved Veg.
A30. 韭菜豬紅豬皮
Schwein-Blut und haut mit Schnittlauch

A96. 西檸雞
Zitronen Huhn • Lemon chicken
A97. 香煎牙帶魚
Braten Gurtfisch • Pan Fried Belt Fish

Je/ each/ 每份 € 5,50
A125.豬紅粥
Schweine-Blut Reisbrei • *Pig's Blood Congee*
A126.牛肉粥
Rindfleisch Reisbrei • *Beef Congee*
A127.皮蛋瘦肉粥
Jahrtausend Ente-ei und Schweinefleisch Reisbrei
Preserved Egg Shredded Pork Congee
A128.火鴨絲粥
Zerfetzt geröstet Ente Reisbrei
Shredded Roasted Duck Congee

1 *Frankfurt, Deutschland*

Eva Betz

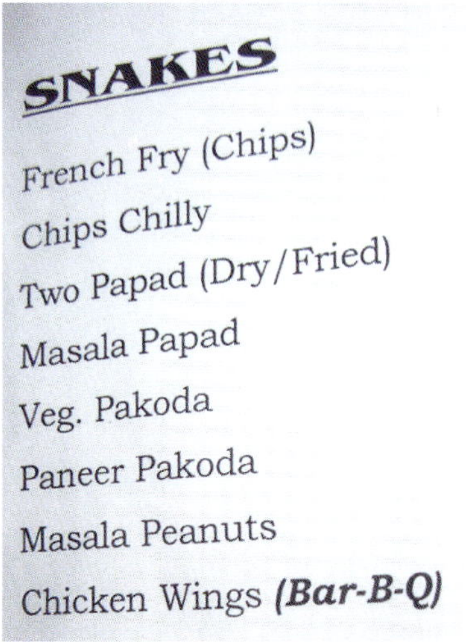

2 *Pokhara, Nepal*

1 DAS RESTAURANT New China Town ist keiner dieser Standard-Chinesen, die Glutamat-Mampf von A4 über B6 bis C9 anbieten. Die Speisekarte reicht hier viel weiter, bis A158. Es gibt Gerichte von unbekannten Tieren, wie dem „Gurtfisch". Viele Speisen sind so chinesisch, dass man sie lieber nicht übersetzt hätte, etwa der „Schweine-Blut Reisbrei". Das wahre Erfolgsgeheimnis des Restaurants ist aber sein Koch, der in der Küche mit bloßen Händen Geflügel zerfetzt. Das brutale Ergebnis ist unter A128 zu lesen: „Zerfetzt geröstet Ente Reisbrei".

2 IN NEPAL essen die Menschen seltsames Zeug wie Gurr, eine Art scharfen Kartoffelpfannkuchen, und trinken Tee mit ranziger Yakbutter. Warum sollte man dort also nicht auch Schlangen (snakes) verzehren? Außergewöhnlich ist nur, dass manche Schlangen Hühnerflügel und Fischfinger haben. Vielleicht ist aber nur die Rechtschreibung außergewöhnlich, und es handelt es sich um normale Snacks.

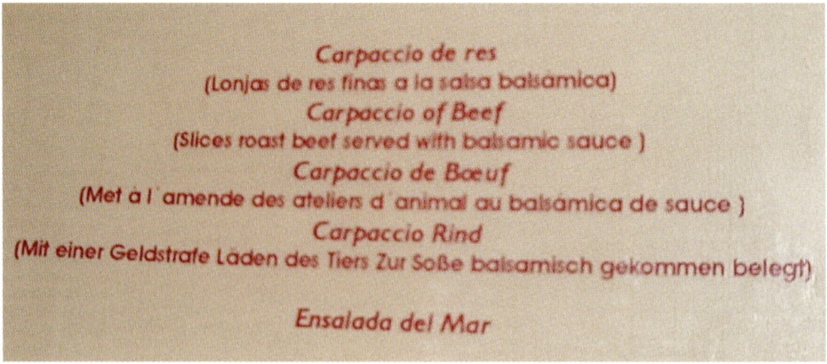

Wolfgang Fielitz

1 *Trinidad, Kuba*

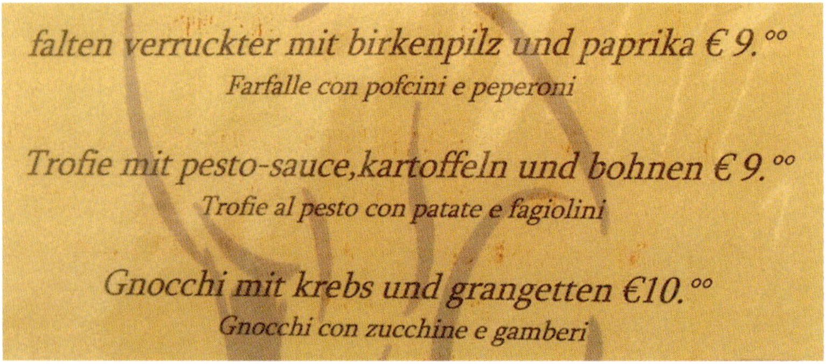

Christian von Zittwitz

2 *Dolcedo, Italien*

1 BEI EINEM Rindercarpaccio muss man darauf achten, dass es möglichst frisch und unverdächtig auf den Teller kommt – wenn allerdings schon auf der Karte zu lesen ist, dass es „mit einer Geldstrafe Läden des Tiers“ serviert wird, ist Vorsicht angebracht. Der Fehler kommt aus dem Französischen: Dort steht aus undurchsichtigen Gründen „amende“, was Geldstrafe heißt. Die „Läden“ sind ein Betriebsgeheimnis des Ladens.

2 EIN IRRES Gericht: „Falten verrückter mit Birkenpilz und Paprika“. Da wird ja das Huhn in der Pfanne verrückt. Farfalle sind Schmetterlingsnudeln, „porcini“ Steinpilze. Über den Schmetterling ist der Koch vielleicht auf den Falter gekommen, hat diesen aber mit Falten verwechselt. Vielleicht hatte er beim Schreiben der Karte auch eine Pilzvergiftung mit irren Folgen.

Thomas Rieping

3 *Phuket, Thailand*

Frederik Langer

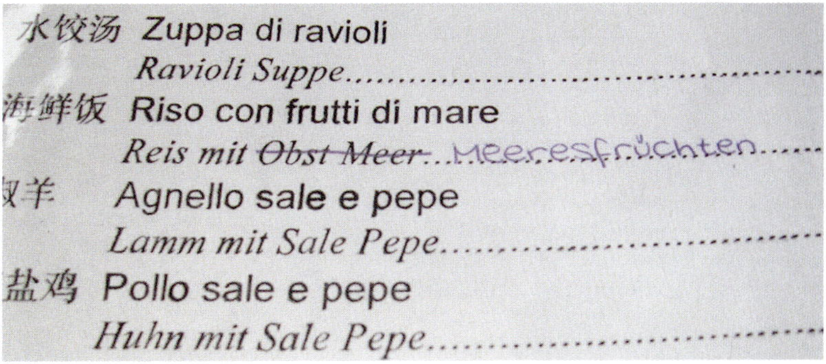

4 *Bozen, Italien*

3 ES GIBT Essen für Verlierer und Essen für Gewinner. Typische Misserfolgs-Speisen sind zum Beispiel Verlorene Eier, Miesmuscheln und Armer Ritter. Wie stark und knusprig kommt dagegen das Winner-Schnitzel daher, ein absolutes Muss für Erfolgsmenschen. Das Gericht macht einen stark und schön. Und wer zum Nachtisch noch eine Winner-Sachertorte bestellt, hat eine echte kulinarische Wien-Wien-Situation.

4 FÜR „RISO con frutti di mare“ braucht man Reis und Obst aus dem Meer: Buchtbananen zum Beispiel, Korallenkiwis, Riffrosinen und Ozeanorangen. In Salzwasser kochen, umrühren, mit Algen abschmecken – fertig. Nachträglich hat jemand die richtige Übersetzung aus dem Trüben gefischt und von Hand daneben geschrieben – die Obstsorten heißen in Wirklichkeit Muschel und Tintenfisch, auch bekannt als Meeresfrüchte.

Helga Remmling

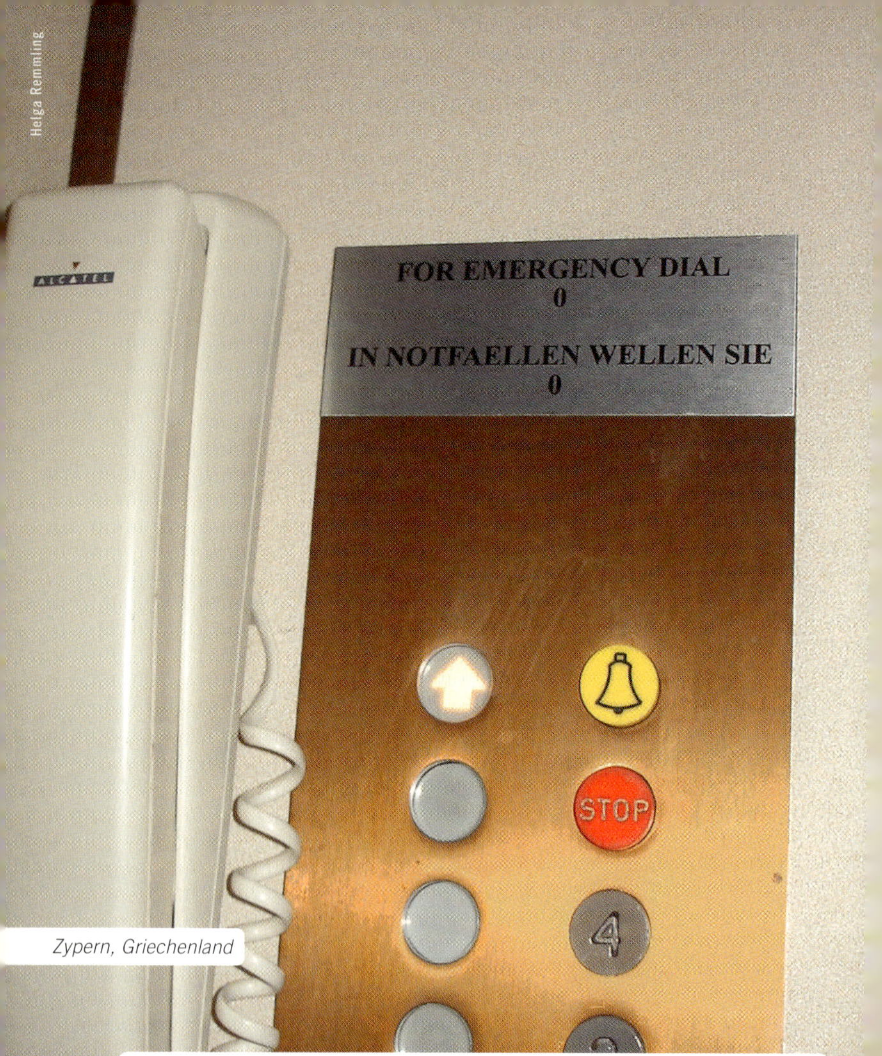

Zypern, Griechenland

WENN SIE im Aufzug stecken bleiben, drehen die meisten Leute durch. Sie bekommen Schweißausbrüche, hektische Flecken im Gesicht und hauen wie wild auf alle Schaltknöpfe ein. Für diesen Lift gilt ein besserer Plan: Im Notfall wellen sich die eingeschlossenen Menschen wie nasses Papier, schmiegen ihre Kurven innig aneinander und vergessen so ihre Angst, bis Hilfe kommt.

Vorsicht!

Urlaub könnte so schön und entspannend sein, wenn in der Fremde nicht ständig Schilder, die vor allerlei Gefahren warnen, den Weg unbedarfter Touristen kreuzen würden: Im Wald wimmelt es von „lanusenden Tieren“. Am „Scheiss-Stand“ droht Lebensgefahr. Auf dem Gemüsemarkt muss man mit lebensgefährlicher Pilzmanipulation rechnen. Abenteuer pur!

Monte Merano, Italien

Antje Schaaf

MIT PILZEN ist das so eine Sache. Der tranige Rötling, der Karbol-Champignon, der ranzige Trichterling – welcher ist essbar, welcher nicht? Schmeckt der grüngebuckelte Risspilz in einem Omelett oder löst er Halluzinationen aus? Manchmal tarnen sich fiese Giftpilze sogar als delikate Speisepilze. Im Wald ist das schwierig genug, aber an öffentlichen Orten muss man besonders vorsichtig sein und Pilzmanipulationen komplett verbieten. Außerdem werden sie so matschig, wenn man sie antatscht.

Philipp Redmann

1 *Pastrengo, Italien*

Dirk Kanz

2 *Cliffs of Moher, Irland*

Reiner Sliwinski

3 *Carolinensiel, Deutschland*

1 TIERE KÖNNEN einem auf die Nerven gehen – sie hecheln, gackern und jaulen, sie machen Dreck und stehen im Weg herum. Und sie durchkreuzen mit ihrem tiertypischen Verhalten so manchen Plan der Menschen. Viele Leute macht das tierisch wütend, sodass sie ihrerseits die Tiere durchkreuzen, gerne mit schnittigen Autos. Ganze Tierfamilien werden so durchtrennt, manchmal auch einzelne Tiere. Im Naturpark Pastrengo ist das so schlimm geworden, dass es Schilder gibt, die Tiere vor durchkreuzenden Autos warnen.

2 UM IRLAND vor der Maul- und Klauenseuche zu bewahren, sollten sich Besucher streng an die amtlichen Anweisungen halten. Also bitte auf den amtlichen Bahnen bleiben und keine Grenzen führen! Auf dem Amtsschimmel reiten ist übrigens strengstens verboten, aber das versteht sich von selbst.

3 WER HEUTZUTAGE nicht online ist, gilt als weltfremd – er ist abgehängt vom aktuellen Geschehen. Umgekehrt bedeutet das: Wer online ist, hängt an einer Leine, vielleicht ist er sogar abhängig. Die witzige Kurverwaltung hat „online" also gar nicht so falsch übersetzt.

Edith Schroeter

Guernsey, Großbritannien

ES GIBT viele blöde Stände, die einen als Tourist nerven – überteuerte Andenkenstände etwa. Dieser Stand ist besonders übel. An der Grenze des „Scheiss-Stands" droht Lebensgefahr. Es wird geschossen. Deshalb handelt es sich wohl auch um einen Schießstand, aber das scharfe S gibt es auf Guernsey leider an keinem Stand zu kaufen.

Manfred Bartunek

Comacchio, Italien

FÄKALWITZE über den größten Fluss Italiens bieten sich aus deutscher Sicht an, sind aber so was von platt und überflüssig. Was kann der Po dafür, dass er Po heißt? Es wurde Zeit, dass fremdsprachigen Witzbolden mal das verbale Limit aufgezeigt wird. Dieses Schild am Po-Delta markiert ganz klar die Grenzen für die ganze „Schisse“. Vielleicht ist das aber auch wieder zu fäkal übersetzt, und es handelt sich um die Schifffahrtsgrenze.

Heike Warth

Canal de Bourgogne, Frankreich

HONIG IST nicht gleich Honig. Es kommt immer darauf an, wie die Bienen gerade drauf sind, wenn sie den beliebten Brotaufstrich produzieren. In Frankreich beißen sich Bienen manchmal ihre Kauwerkzeuge an allen Blumen wund, nur um einen besonders exklusiven Landhonig zu machen, den „Alle Blumen zahniger ortlicher Honig". Auf Französisch ist das bissige Zeug lediglich Landhonig, aber wohl ein besonders sahniger.

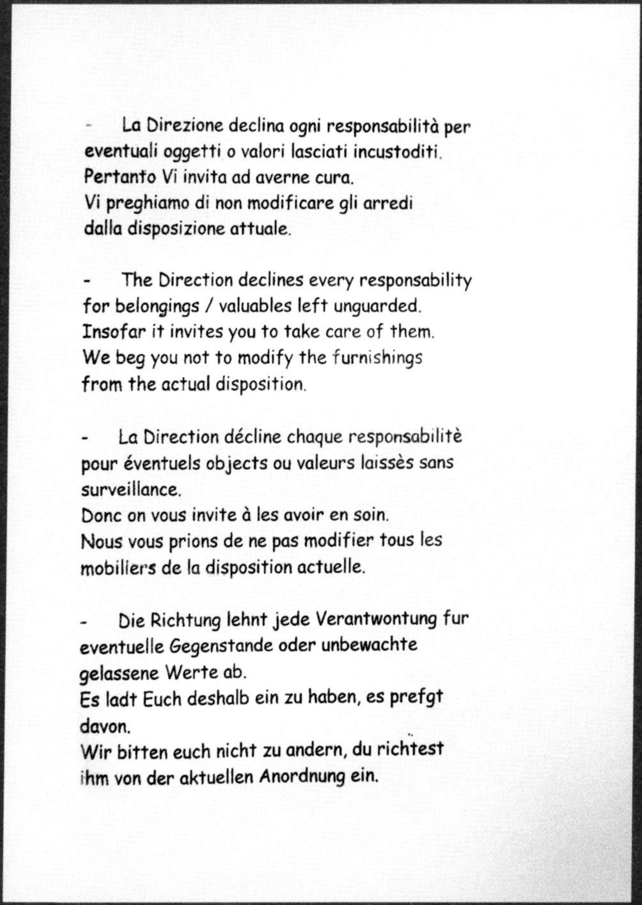

- La Direzione declina ogni responsabilità per eventuali oggetti o valori lasciati incustoditi. Pertanto Vi invita ad averne cura.
Vi preghiamo di non modificare gli arredi dalla disposizione attuale.

- The Direction declines every responsability for belongings / valuables left unguarded.
Insofar it invites you to take care of them.
We beg you not to modify the furnishings from the actual disposition.

- La Direction décline chaque responsabilitè pour éventuels objects ou valeurs laissès sans surveillance.
Donc on vous invite à les avoir en soin.
Nous vous prions de ne pas modifier tous les mobiliers de la disposition actuelle.

- Die Richtung lehnt jede Verantwontung fur eventuelle Gegenstande oder unbewachte gelassene Werte ab.
Es ladt Euch deshalb ein zu haben, es prefgt davon.
Wir bitten euch nicht zu andern, du richtest ihm von der aktuellen Anordnung ein.

Matthias Weikl

Sizilien, Italien

DIE RICHTUNG dieses Hotels in Palermo ist ziemlich unklar. Es lädt einen ein zu haben – was auch immer man möchte. Und es „pfregt" davon, was auch immer das ist. Die Richtung lehnt jedenfalls jede „Verantwontung" für „eventuelle Gegenstände" ab. Eventuelle Fehler kommen aus folgender sprachlicher Richtung: „Direzione" heißt übersetzt Direktion, aber auch Richtung.

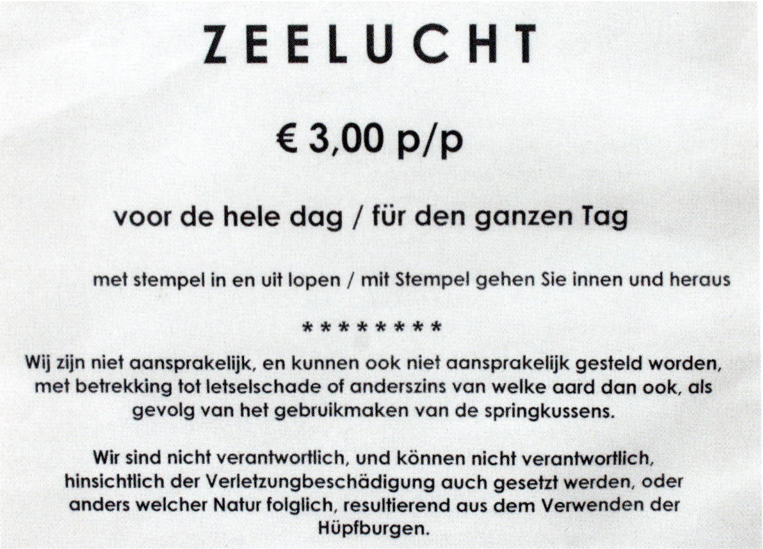

Lothar Schulz

1 *Schouwen, Niederlande*

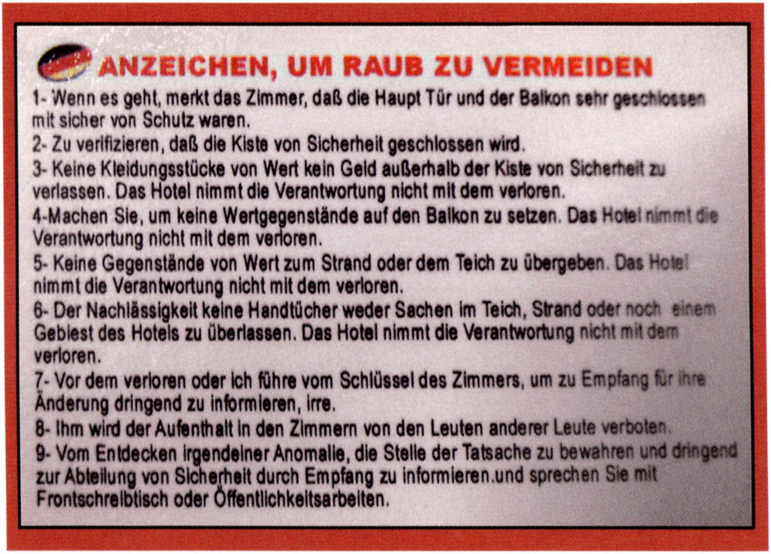

Stefan Hefele

2 *Varadero, Kuba*

Pietro Caviglia

3 *Imperia, Italien*

1 HÜPFBURGEN sind recht einfach zu benutzen: Man zieht die Schuhe aus, geht hinein und hüpft. Aber was könnte da alles schiefgehen! Deshalb haben sich die Besitzer dieser Hüpfburg einen komplizierten Gummi-Paragraphen ausgedacht.

2 UM SICH vor Dieben zu schützen, sollte man eine „Kiste von Sicherheit" besitzen. Wertgegenstände sollte man nicht auf den Balkon setzen oder einem Teich übergeben. Manche Anweisungen klingen irre, siehe Punkt 7, andere einleuchtend. Klar sollte sein, dass der Aufenthalt in den Zimmern „von Leuten anderer Leute" verboten ist, denn kein Mensch weiß, wohin das führen könnte.

3 SCHUBER sind selten geworden. Die aufwändig gemachten Schutzhüllen für wertvolle Bücher sind auf dem Schwarzmarkt begehrt, es ist aber nicht leicht, sie zu schmuggeln. An der italienischen Autobahn A10 gibt es sogar eine „fern schuberwachte", mit der die Schuber-Kriminalität per Kamera observiert wird. Die Überwachungsbänder sprechen Bände – und entlarven einen Buchstaben-Bösewicht, der aus dem „fernsehüberwacht" ein „fern schuberwachte" machte.

Martin Lendi

1 *Korsika, Frankreich*

Stefan Schröpfer

2 *Tanumshede, Schweden*

1 DER FLUSS Richiusa auf Korsika benimmt sich manchmal überwältigend roh. Wenn sich eine „wichtige wasser-ankunft“ abzeichnet, sollte man nicht im Bett bleiben, sondern schleunigst Höhe gewinnen. Richtig roh geht es allerdings zu, wenn man die Flut überlebt hat: Notfallteams sondern einen erst ab und markieren einen dann. Wichtig ist es in diesem Fall, seine Gegenwart anzuzeigen. Gefährliche Sprachströmungen haben hier wohl einige Übersetzungsfeinheiten in roher Art weggerissen.

2 KLIPPAN. Odda. Mörrum. Alte Schweden wissen sofort, dass dies Möbelnamen sind. Hala und Väta, Glätte und Nässe könnten demzufolge glatt Sofa-Serien sein, es handelt sich aber tatsächlich um Glätte und Nässe.

Sainte-Enimie, Frankreich

AN DIESEM FLUSS treten manchmal so starke Überschwemmungen auf, dass selbst gut angebrachte Buchstaben von der Flut weggerissen werden. Wenn es stark regnet, ist gegen diese tückische „Schemmung" fas nih z mahn.

Nathan Nelson

Lijiang, China

CHINESEN bemühen sich sehr, höflich gegenüber Fremden zu sein. Es könnte zum Beispiel passieren, dass Touristen schnell ins Wasser fallen und sich am Grund den Kopf stoßen. Dabei wäre es besser, ganz langsam zu fallen. Deshalb steht auf dem Schild auf Englisch die Bitte: „Vorsichtig ins Wasser fallen!" Das ist sehr umsichtig, nicht ganz so umsichtig allerdings wie der chinesische Text. Dort heißt es: „Vorsicht, nicht ins Wasser fallen."

1 *Teneriffa, Spanien*

Marika Mühlenbruch

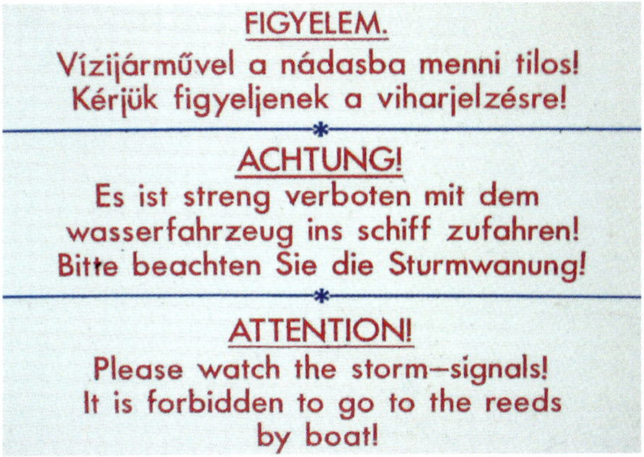

Friedemann Lätsch

2 *Balatonfüred, Ungarn*

1 WENN TIERE „lanusen", ist nicht mit ihnen zu spaßen. Biologen rätseln noch, was das Lanusen überhaupt für eine Funktion hat, aber fest steht, dass lanusende Tiere in freier Wildbahn dem Menschen gefährlich werden können. In diesem Tierpark auf Teneriffa glaubt man, es lanust einen der Affe – so sehr wimmelt es von frei lanusenden Viechern. Wenn man einem begegnet, ist es am besten, seinerseits unauffällig weiterzulanusen.

2 PIRATEN werden mehr und mehr zu einer Plage. Die modernen Seeräuber gehen mit immer dreisteren Methoden vor: Sie dringen mit ihren wendigen Wasserfahrzeugen in Ozeanriesen ein, fahren damit in den Schiffen herum und nehmen alles mit, was nicht niet- und nagelfest ist. Dabei ist es verboten, mit einem Wasserfahrzeug ins Schiff zu fahren. Aber ob Schilder wie dieses die Piraten abschrecken? Oder haben Sprachpiraten ein L geklaut – und man darf nicht ins Schilf schippern?

Isabel Schröder

1 *Teneriffa, Spanien*

Thomas Stiegler

2 *Bayahibe, Dominikanische Republik*

Madlen Halke

3 *Tsavo National Park, Kenia*

1 URLAUB heißt vor allem: nicht arbeiten. Deshalb kann einen dieses Schild auf Teneriffa ganz schön aus der Ruhe bringen. Arbeiten!! Das ist keine Bitte, kein Hinweis, sondern ein Befehl, wie man an den zwei Ausrufezeichen erkennt. Der Zusatz „Machen Sie sich keine Umstände" klingt wie Hohn. Dabei ist nur eine Übersetzungsarbeit missglückt: Die netten Inselbewohner wollten eigentlich höflich darum bitten, dass Urlauber störende Arbeiten entschuldigen.

2 DIESE TREPPE ist hübsch, aber gefährlich. Wenn man nicht fuhcrtbra aufpsats mit seinem Schrtit, verstolpert man die Bachstuben und dimat gazne Wetrör.

3 IM TSAVO-NATIONALPARK in Kenia sollte man besser nicht aus dem Zimmer herausgehen. Beim Spaziergang könnten Touristen hungrigen Löwen begegnen, schlecht gelaunten Büffeln oder gewalttätigen Nilpferden. Was einen an diesem Schild mehr irritiert als die halbwilde Übersetzung, ist sein Standort: Wenn man das Schild lesen kann, steht man bereits mitten in der Steppe.

Simon Cousins

Peking, China

NACH DER Yuan-Dynastie herrschte in China von 1368 bis 1644 die Ming-Dynastie, bis diese von der Qing-Dynastie abgelöst wurde. Viele Jahrhunderte später kam die Swinming-Dynastie an die Macht. Mittlerweile scheint es mit dieser Dynastie auch schon wieder vorbei zu sein, wie die in Stein gemeißelten Protestschilder beweisen: „No swinming.“

Chinglish

Vor den Olympischen Spielen wurde in Chinas Hauptstadt das Programm „Peking spricht zur Welt“ gestartet. 35 Sprachpolizisten durchstreiften die Stadt, auf der Suche nach missratenen Übersetzungen und skurrilen Sprachpannen. Das Ziel der Aktion: Tod dem Chinglish! Chinglish – eine Wortschöpfung aus „Chinese“ und „English“ – entsteht meist durch die Wort-für-Wort-Übersetzung chinesischer Texte mithilfe eines Wörterbuchs. Dabei entstehen poetische, überraschende Sätze – etwa wenn geraten wird: „If you are stolen, call the police at once.“ Wenn Chinglish abgeschafft würde, wäre die Welt ärmer.

James Angrave

1 *Qi Bao, China*

Michael Simons

2 *Chengdu, China*

Berend Bosch

3 *Kunming, China*

1 ES IST ziemlich schwierig, in China allein zu bleiben. Überall ist es überfüllt. Deshalb erscheint es verständlich, aber fast unlösbar, wenn Touristen darum gebeten werden, nicht noch zusätzlich selbst überfüllt zu sein. Dieses Schild in Qi Bao hätte besser übersetzt werden müssen mit: „Achten Sie auf Ihre Sicherheit – bitte nicht drängeln!"

2 IM LAND des Lächelns verbreiten selbst Verkehrspolizisten statt Knöllchen nichts als gute Laune: „Die Verkehrspolizei von Chengdu erinnert Sie daran, dass Ihnen Parken in guter Ordnung Behaglichkeit und Vergnügen bringen wird." Da kann man nur frohen Mutes hoffen, dass die Übersetzung ausnahmsweise korrekt ist.

3 DASS AUF chinesischen Flughäfen Chaos herrscht, ist ein schlimmes Klischee. Die Chinesen bemühen sich seit Jahren emsig, alles in Ordnung zu halten, und sie denken dabei auch an ausländische Gäste, wie dieses akribisch genau übersetzte Schild am Flughafen von Kunming beweist. Gut, der eine Buchstabe stimmt nicht, aber so genau muss man's ja nicht nehmen.

Peking, China

IMMER AUF die Kleinen! Alle trampeln auf ihm herum, treten seine grünen Gras-Gefühle mit Füßen und hacken mit schwerem Gerät auf seine zarten Halme ein. Könnte Rasen reden, würde er sagen: Lass mich in Ruhe! Bitte stör mich nicht beim Wachsen, beim Wiegen im Wind. Die Übersetzung ist übrigens korrekt, denn die Chinesen setzen sich nicht einfach ins Gras, sie können sich emotional in den Rasen hineinversetzen: „Bitte störe mich nicht.“

Christian Gahle

Simon Cousins

1 *Tieling, China*

Simon Cousins

2 *Tieling, China*

Mary Frances Cappiello

3 *Shanghai, China*

1 ES GIBT immer noch Marktlücken in der Gastronomie. Mittelgroße Festgesellschaften fragen sich oft: Sollen wir den großen Saal mieten? Oder reicht doch der kleine aus? Für Zweifelsfälle hat ein pfiffiger Wirt in Peking einen großen kleinen Bankettsaal gebaut. Eine Riesensache, aber wäre ein kleiner großer Saal vielleicht noch besser geeignet?

2 DER DAOISMUS lehrt, dass alles zwei Seiten hat. Yin und Yang, Schatten und Licht, Frau und Mann, Nacht und Tag, Wasser und Feuer, Ping und Pang, Bad Minton und Good Minton. Eigentlich bedingen beide Seiten einander. Aber in westlichen Kulturen wird alles vereinfacht, deshalb gibt es dort nur noch Badminton und Pingpong.

3 DASS DIE Chinesen dreiste Raubkopierer sind und alles klauen, vervielfältigen und wiederverkaufen, ist ein Vorurteil. Es ist in jeder Kultur üblich, Einflüsse aus anderen Ländern aufzunehmen und weiterzuentwickeln. Die amerikanische Soap Opera, die Seifenoper, haben die Chinesen längst mit eigenen Zutaten neu angerührt, asiatisch gewürzt, aufgekocht und daraus die „Soup Oprea" gemacht – die Suppenoper. Ein völlig neues Genre!

Cornelia Schneider

Peking, China

ANRÜCHIGES und obszönes Verhalten wird in China in der Öffentlichkeit nicht gern gesehen. Also bitte nicht ungezogen sein und stets angezogen am Lagerfeuer sitzen! Nacktes Licht, das können wir hier ganz offen sagen, ist zwar etwas Heißes, aber nicht in erotischer Hinsicht – es geht um offenes Feuer.

Elias Franke

Mutianyu, China

GROSSE MAUER, kleiner Fehler: Auf diesem Schild an der chinesischen Mauer ist nur ein S zu viel, aber Touristen sollten es trotzdem besser ganz wörtlich nehmen. Wenn der Besucher nicht aufhört zu laufen, läuft er in sein Verderben, denn hinter dem Warnschild geht es steil bergab.

Lijiang, China

Corinna Gellrich

DIE CHINESISCHE Küche überrascht einen immer wieder. Aus verfaulten Eiern, Vogelnestern und Hunden werden köstliche Gerichte. Und aus Bäumen und Blumen lässt sich guter Kuchen backen. Die chinesischen Schriftzeichen auf diesem Schild enthalten allerdings nicht das Rezept, sondern nur den Hinweis „Bitte schützen Sie die Blumen und Bäume“. Baumkuchen? Pustekuchen! Statt „cake“ müsste es korrekt „care“ heißen.

Norbert Fröhlich

1 *Sichuan, China*

Chris Billman

2 *Shanghai, China*

Simon Cousins

3 *Peking, China*

1 MANCHE LEUTE sind primitiv: Sie lassen Wasser, ohne sich tiefschürfende Gedanken zu machen. Dabei gehören Pipi und Philosophie eng zusammen. Schon Heraklit erkannte: Alles fließt. Es ist nur konsequent, dass die Chinesen Touristen daran erinnern, vor dem Urinieren nachzudenken, wie man das Leben anderer Menschen einfacher machen kann. Frei nach Kant ist das der kategorische Pinklerativ: Was du nicht willst, dass man auf der Toilette tu, das sau auch keinem anderen zu.

2 TASCHENDIEBE haben es in China nicht nur auf die Taschen abgesehen, sie wollen gleich den Träger klauen. Deshalb steht auf dem Schild: „Wenn Sie gestohlen werden, rufen Sie sofort die Polizei." Solche Tipps könnten einem gestohlen bleiben – aber man kann davon ausgehen, dass es sich nicht um ge-, sondern um bestohlene Leute handelt.

3 IN DIESEM Restaurant wird zwischen öffentlichem und privatem Gemüse unterschieden. Ob eine Privat-Karotte anders schmeckt als eine öffentliche Karotte? Vielleicht werden private Kartoffeln im Familienkreis angebaut und nur von Verwandten geschält. In diesem Fall ist Privat-Gemüse eine Umschreibung für Hausmannskost.

Berend Bosch

1 *Kunming, China*

Simon Cousins

2 *Peking, China*

1 DIESE SCHILDERSAMMLUNG ist ein Bilder- und Buchstabenrätsel. Es lässt sich teilweise sogar lösen. „Rfar Fnd Couision" – daraus wird durch den Zusatz einiger kleiner Striche „Rear End Collision" (Auffahrunfall). Und die chinesischen Schriftzeichen bedeuten: „Vermeiden Sie Auffahrunfälle – halten Sie Abstand!"

2 IN CHINA wird viel getüftelt und entwickelt, und das Ergebnis sind Patente für die unglaublichsten Produkte. Das „mechanische Verletzungskabel" scheint allerdings noch nicht ganz ausgereift, es sei denn, die Erfinder hätten die Mechanik des Kabels darauf ausgelegt, dass es seine Benutzer gezielt verletzt. Das wäre echt gemein.

Lilian Zimmermann

Mallorca, Spanien

TOURISTEN erlauben sich immer mehr Frechheiten. Sie fangen Fische, nehmen diese aus und grillen sie auf dem Balkon. Als wäre das nicht schon dreist genug, wird es im Urlaub zur Unsitte, auch Getränke auszunehmen. Dieses Hotel schiebt dem endlich einen Riegel vor. Getränke auszunehmen wird nicht gern gesehen, ebenso wenig wie das Hineinstecken derselben. Der Wirt des Restaurants hat wohl das Einschleusen von Getränken und das Einstecken von Essen gemeint.

Alles verboten!

Freizeit ist nicht gleichbedeutend mit Freiheit. Nicht mal im Urlaub kann man so ungezwungen herumhängen, wie man das eigentlich möchte, denn überall hängen Verbotsschilder herum. Es ist verboten zu kriechen. Es ist verboten zu lehnen. Es ist verboten, mit nassen Achselhöhlen im Restaurant zu sitzen. Es ist verboten „einzukleiteren". Warum? Und was soll das eigentlich bedeuten? Direkte Antworten verbieten sich von selbst, aber wir haben uns wenigstens ein paar Erklärungsversuche erlaubt.

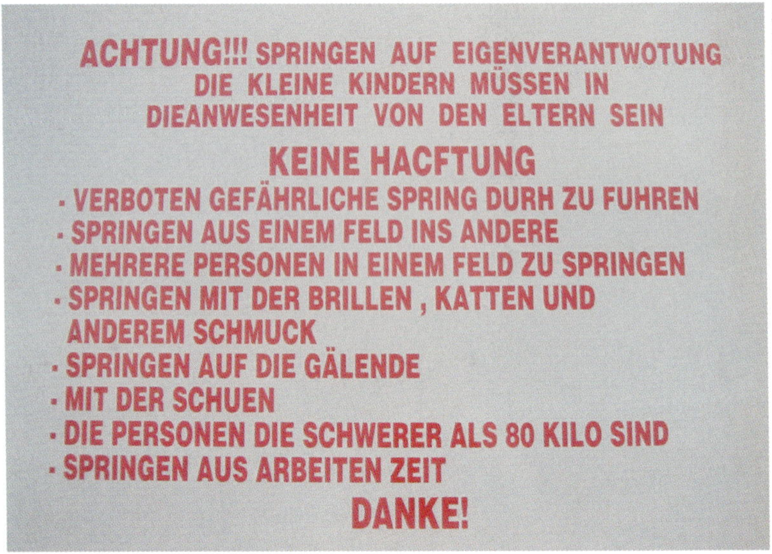

Maria Loher

1 *Medulin, Kroatien*

Ulrich Saydak

2 *Ibiza, Spanien*

Christoph Neuert

3 *Rom, Italien*

1 IN KROATIEN steht ein einzigartiges Trampolin. Es hat Qualitäten, für die der Hersteller keine „Hacftung" übernimmt. Mithilfe des Trampolins können mehrere Personen in einem Feld springen, was für die Korn- und Obsternte neue Perspektiven eröffnet, denn man könnte auf Mähdrescher und Leitern verzichten. Es ist auch möglich, aus der Arbeitszeit zu springen – was das Sportgerät für Arbeitnehmer attraktiv macht.

2 DIESES SCHILD hängt an einem Hotel-Aufzug. Das Bild scheint zu signalisieren, dass nur Kinder mit dem Lift fahren dürfen, die an der Hand schicker Damen im Minikleid aufkreuzen. Was aber, wenn die Mutter Jeans trägt? Oder wenn gar der Papa dabei ist? Der Text verwirrt weiter, aber gemeint ist natürlich: Kinder dürfen den Fahrstuhl nur in Begleitung benutzen.

3 DIE VORSCHRIFTEN für Raucher werden immer bizarrer. In Italien ist besonders streng geregelt, wann wer wo wie seiner Nikotinsucht frönen darf. Gesetz Nummer 584 besagt, dass „Night-Raucher" in geschlossenen Räumen unerwünscht sind. Oder sind statt der Nachtraucher Nichtraucher gemeint?

1 Mayrhofen, Österreich

Julia Bassler

Janina Haibauer

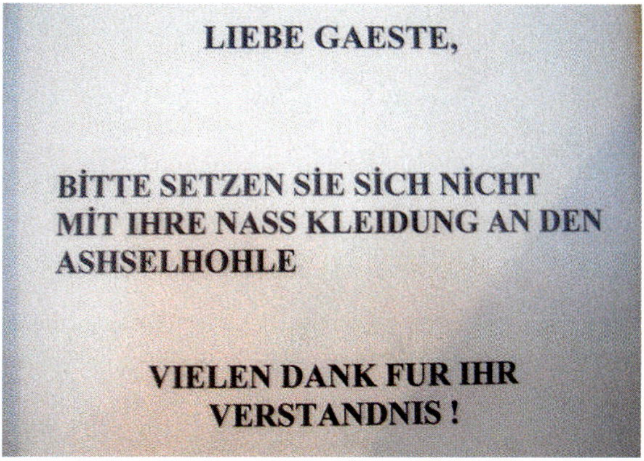

2 *Side, Türkei*

1 SKI-FANATIKER lassen sich bei blauem Himmel und Pulverschnee sehr leicht vom Schnee-Virus anstecken. Im Zillertal haben sich die Pisten über die Berge fast krankhaft ausgebreitet wie eine gigantische Schuppenflechte. Schade nur, dass der Skipass nicht einfach auf die Skisport-Infizierten überspringt wie ein Virus – er ist nicht ansteckend. Denn „contagious", also im medizinischen Sinn übertragbar, sind leider nur Windpocken oder Masern – gegen eine Liftkarten-Epidemie haben die Zillertaler alle notwendigen Barrieren errichtet.

2 MIT SCHLAPPEN und feuchter Badehose ins Restaurant? Das ist stillos. In ganz feinen Häusern gibt es sogar Vorschriften für angezogene Touristen: Man soll sich nicht mit nasser Kleidung „an den Ashselhohle" setzen. Das ist kein trockener Humor, sondern bierernst: Die Kleidung darf nicht verschwitzt sein.

Mallorca, Spanien

Claus Decker

DIESE TERRASSE ist ein superromantischer Ort, doch manche Touristen neigen möglicherweise dazu, die hoch gelegene Plattform für niedere körperliche Bedürfnisse zu missbrauchen. Deshalb steht auf dem Schild auf Englisch „Please do not Piss“ und auf Französisch „Defese de Pisser“. Gemeint ist aber: „Zutritt nicht gestattet“, es wurde lediglich das I mit dem A verwechselt. Warum die deutsche Version fast richtig ist? Da müssen wir leider passen.

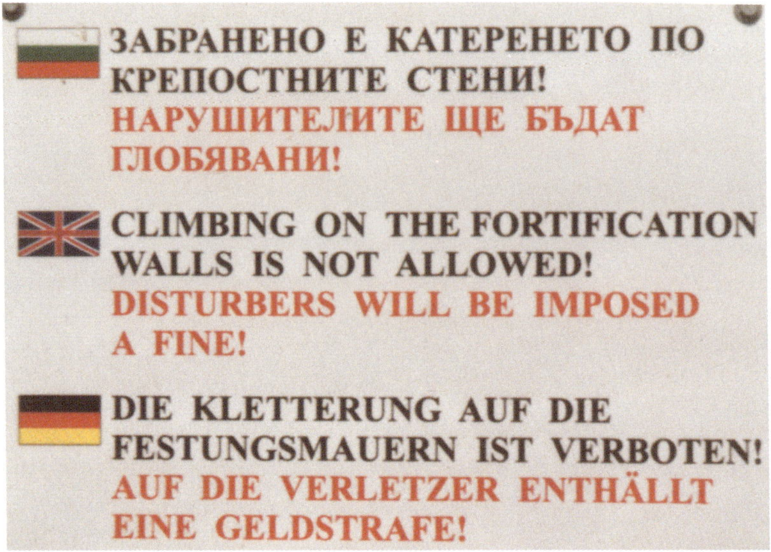

Margrit Zimmer

1 *Alt-Nessebar, Bulgarien*

Stefan Maurer

2 *Nessebar, Bulgarien*

Magnus Niemann

3 *Gammelvala, Schweden*

1 EIN WARNSCHILD wirkt gleich viel eindrucksvoller, wenn es ein paar offiziös klingende Fachausdrücke enthält. Eine „Kletterung" ist zum Beispiel viel schlimmer als einfaches Klettern. Etwas inkonsequent scheint es aber, dass Verletzer eine Geldstrafe enthalten. Vielleicht ist aber auch ein kyrillischer Buchstabe falsch auf das „enthällt" entfallen.

2 NICHT ZU fassen! „Nicht zu kriechen!" Nichts zu machen: An diesem Strand in Bulgarien ist es für englischsprachige Touristen verboten zu klettern, deutschsprachige Badegäste sollten sich zumindest bemühen, auf beiden Beinen stehen zu bleiben, denn Kriechen ist untersagt, völlig unabhängig vom Alkoholkonsum und anderen Einflüssen.

3 EIN SCHÖNES, handgezimmertes schwedisches Gehege, in dem sich Kleingetier mit Sägespänen und selbst gemachten Kötteln (schwedisch: Kötbullar) nach Herzenslust einsaut – wie verlockend wäre es, da hineinzuklettern und sich tierisch im Dreck zu wälzen.

1 *Mantua, Italien*

Raimund Kutter

Maik Siebert

2 *Trøndheim, Norwegen*

1 AN DIESER Autobahn-Mautstation bei Mantua ist es verboten, der „plate durch tahren". Halten wir also kurz inne und denken nach. Ist der „plate" der Platz? Heißt „tahren" fahren? Dann wäre die Mautstation die Endstation so mancher Italienreise. Heißt „plate" Platte? Bedeutet „tahren" teeren? Weder noch: Man soll den Platz mit dem Auto durchqueren – keinesfalls zu Fuß – und dafür bezahlen.

2 ALLE WEGE führen nach Rom. Manchmal führen die Wege in das „rom" der Damentoilette, was meistens nicht ganz so imposant ist wie das Original-Rom, aber was will man machen. Während das „rom" der Damentoilette durch einen sprachlich fehlgeleiteten Übersetzungsweg über das englische „room" zu erklären ist, bleibt der „zaum" der Toilette ein totaler Irrweg.

Andreas Hamacher

Düsseldorf, Deutschland

DIESER DRINK enthält Speisehaarspülung, was für Menschen mit Haaren auf der Zunge ganz praktisch sein kann. In der französischen Version ist sogar eine Klimaanlage eingebaut. Die Übersetzungen sind nicht ganz an den Haaren herbeigezogen, denn „conditioner“ kann „Haarspülung“ oder „Klimaanlage“ bedeuten, gelungener wäre in diesem Fall „(Geschmacks-)Verbesserer“. Wenigstens ist „preservative“ (Konservierungsmittel) nicht wie im französischen Kleingedruckten mit Kondom übersetzt.

Gewusst wie

Manche Situationen in fremden Ländern stellen einen vor schwer lösbare Probleme. Wie begleicht man eine Rechnung mit „flüssiger Ratenzahlung“? Wie stellt man sein Auto in einer Datei ab? Wie funktioniert ein „Zerstäuber der Umgebungsmusik“? Und wie wäscht man seinen Körper von innen nach außen? Zum Glück gibt es fast immer eine passende Bedienungsanleitung, die alles bis ins Detail erklärt. Allerdings bräuchte man für viele Anleitungen wiederum Anleitungen zum besseren Verständnis.

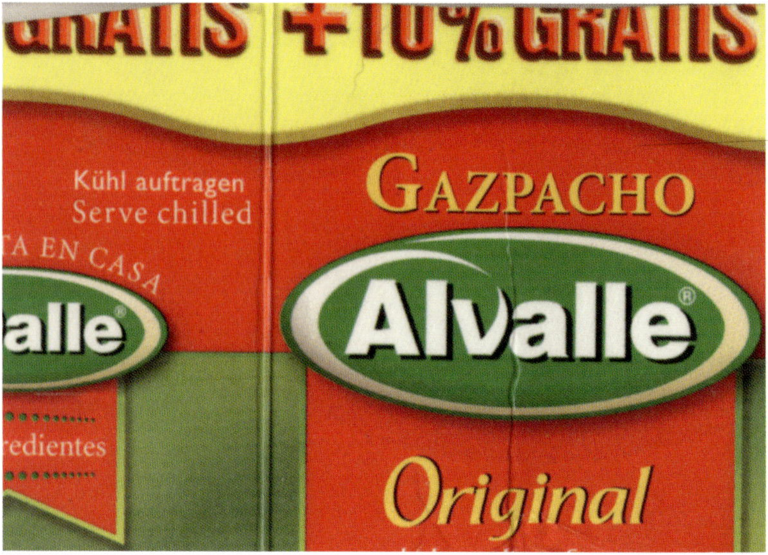

Andreas Dauer

1 *Madrid, Spanien*

Susanna Wengeler

2 *Granada, Spanien*

Stephan Schlatow

3

1 GAZPACHO ist eine wunderbare Sache bei heißem Wetter. Die spanische Tomatensuppe wirkt sehr erfrischend, wenn man sie kühl aufträgt. Auf welche Körperpartien sie aufzutragen ist, steht leider nicht auf der Packung. Normalerweise löffelt man Gazpacho aber eiskalt in den Mund hinein – „auftragen" ist nur eine missverständliche Übersetzung für „servieren".

2 IN DIESEM spanischen Supermarkt kann man mit Papiergeld und Münzen zahlen, mit EC-Karte und mit „flüssiger Ratenzahlung". Die Erklärung: „Abono" hat im Spanischen unterschiedliche Bedeutungen – es kann sich um Gülle handeln, um eine Zahlung oder um Flüssigdünger.

3 FRÜHER MUSSTE ein Mann ein Taschenmesser haben, sonst war er kein Mann. Die metrosexuellen Waschlappen von heute brauchen eher Cremes und Haarfärbemittel. Nur Retro-Fans und eingerostete Paschas, so genannte „Rostfreier", kaufen noch Macho-Modelle wie „Rostfreiers Stahl mit hölzerner Reichweite". Die hölzerne Reichweite lässt sich durch eine etwas hölzerne Übersetzung des englischen Wortes „coverage" erklären – das heißt Abdeckung, aber auch Reichweite.

Kerstin Claussen

Laglio, Italien

UM EINE KLINGEL zu spielen, muss man nicht Musik studiert haben – es reicht zu rufen. Zwei Fehlübersetzungen in einem Satz mit fünf Wörtern: „Suonare" heißt in diesem Fall „läuten" und „chiamare" nicht „rufen", sondern „anrufen". Falls das nicht klappt, hat das Hotel noch einen zweiten Plan, der allerdings im Restaurant zu zahlen ist. Das Wort „piano" bedeutet übersetzt unter anderem „Plan" und „Stockwerk".

Carolin Masur

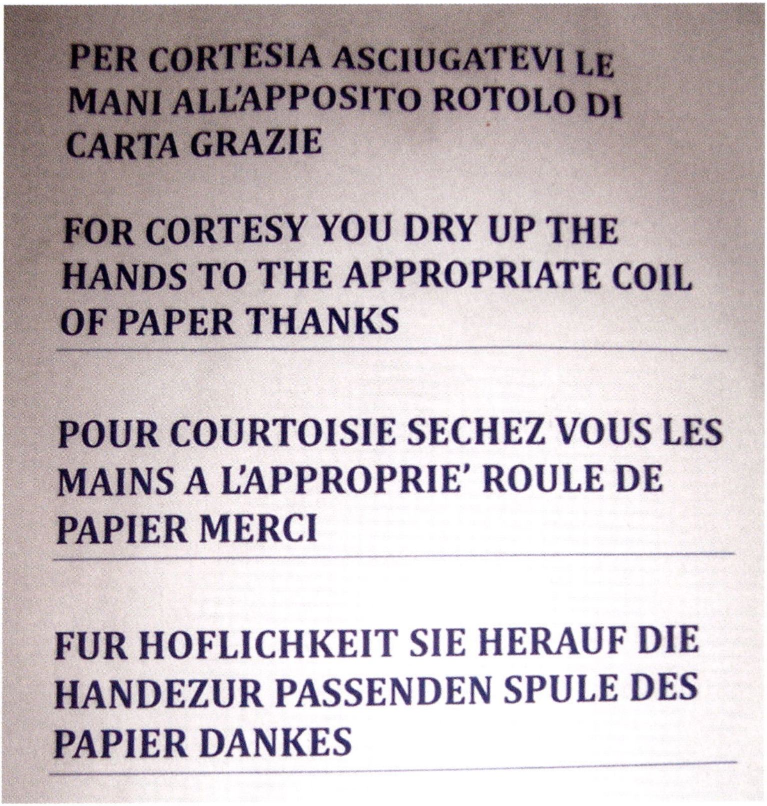

Rom, Italien

AUF DIESER Damentoilette am Petersdom können sich die Besucherinnen nicht einfach so die Hände abtrocknen, sie müssen sich schon ein bisschen bemühen: „Fur Hoflichkeit Sie herauf die Handezur passenden Spule des Papier." Das ist allerhand. Wie soll das denn gehen? Gemeint ist: Aus Rücksicht auf andere Benutzerinnen bitte die Hände an der „angemessenen Rolle des Papiers abtrocknen" – wo auch immer die ist.

Jutta Gießbach

We alwaye recommend using the following guidelines:
-Always wash your Denim inside out and separately from other colours
-Please be extra careful with light coloured clothing and surfaces, dark Denim may bleed

Wir empfehlen immer,die folgenden richtlinien zu gebrauchen:
- Waschen sie immer Ihren kŏrper das innere nach aussen und seperat von anderer kleidung
- Bitte seien sie extras vorsichtig mit dem licht gefårbt kleidend und oberflachen, dunkler kŏrper kann verbluten

Recomendamos que siga las siguientes indicaciones:
-Lave sus pantalones vaqueros del revés y separadamente de otros colores
-Tenga cuidado con la ropa de colores claros, podria teñirse

Nous recommandons toujours les directives suivantes:
-Laver toujours votre Denim à l'envers et separement d'autres couleurs.
-Veuillez faire très attention avec les habits et surfaces clairs, Denim foncé pourrait déteindre.

Kerstin Bartscht

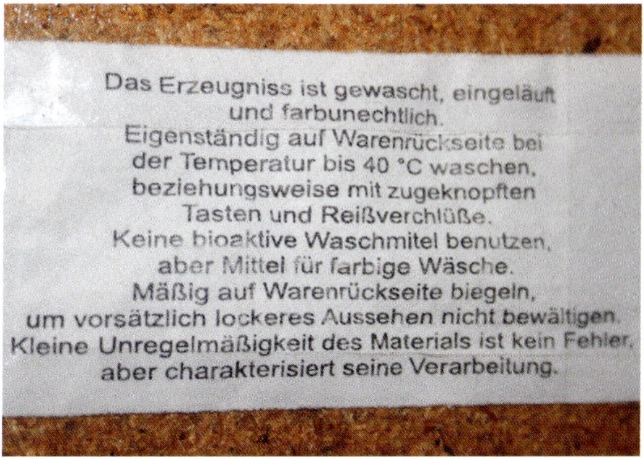

2

1 WIE MAN eine Jeans wäscht, weiß doch jeder. Diese Hose bietet einen großen Zusatznutzen: Sie enthält eine Waschanleitung für Menschen. Und so wird's gemacht: „Waschen sie immer Ihren körper das innere nach aussen." Das kann wehtun und ziemlich eklig werden, also seien Sie vorsichtig mit dem Licht, die Sauerei muss ja nicht jeder sehen. Und achten Sie penibel darauf, sich nicht zu verletzen, denn „dunkler körper kann verbluten". Eine allzu körperbetonte Übersetzung: „Denim" heißt übersetzt Köper, das ist eine Stoffart.

2 DAS „VORSÄTZLICH lockere" Aussehen dieses Oberteils kann leicht beschädigt werden, wenn man es zu grob „biegelt" und nicht auf die „Tasten" achtet. Kleine Unregelmäßigkeiten in der Übersetzung der Waschanleitung sind übrigens keine Fehler, sondern gewollt – das charakterisiert den betont lässigen Stil des Stücks.

Margrit Werlen

Livorno, Italien

IM HAFEN von Livorno werden Touristen, die auf die Autofähre warten, gebeten, „sich auf mehr Datei zu stellen“. Das klingt blöd, ist aber ziemlich fortschrittlich. Die Fahrzeuge werden in mehreren Dateien abgespeichert und per DSL verschickt, das geht schneller und ist preiswerter als mit dem Schiff. Kleine Info zum Zwischenspeichern: „File“ bedeutet im Italienischen „Datei“ – aber auch „Reihen“.

MOBY
DISPORSI SU PIU' FILE
ARRANGE IN SEVERAL ROWS
SE METTRE EN PLUS RANGS
SICH AUF MEHR DATEI
ZU STELLEN

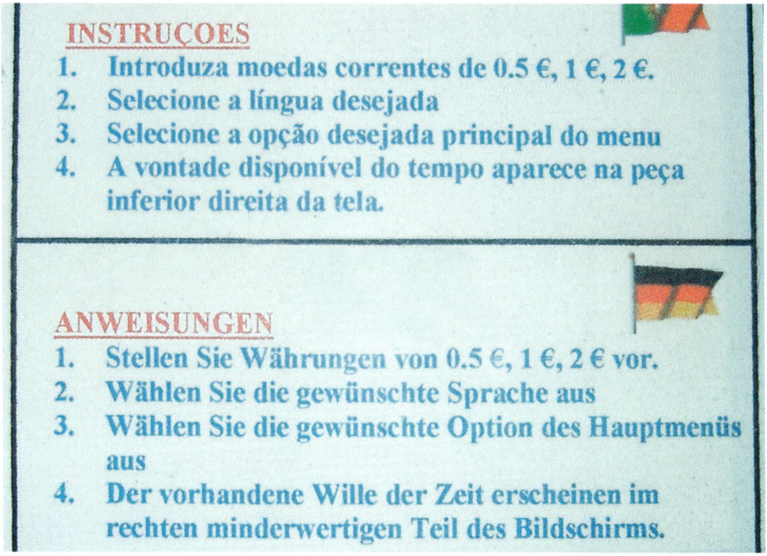

Guido Bilstein

1 *Madrid, Spanien*

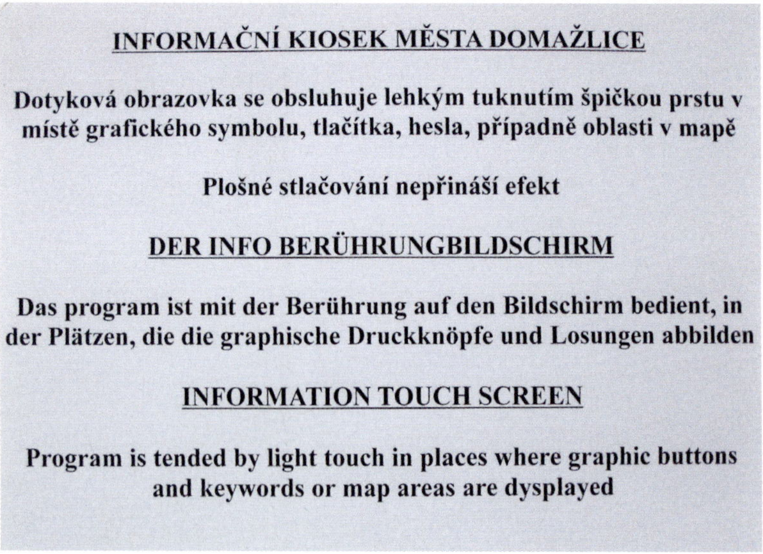

Ulf Lembcke

2 *Domažlice, Tschechien*

Marianne Bähr

3 *Kerak, Jordanien*

1 PHILOSOPHEN arbeiten seit Jahren an folgenden Problemstellungen: Hat die Zeit einen Willen? Welche Einstellung benötigt man zum „vorhandenen Willen der Zeit"? Warum muss die Antwort auf diese Fragen zur Hälfte minderwertig sein? Das Bild zeigt die Anleitung zur Benutzung eines Internet-Terminals am Flughafen von Madrid, aber es könnte auch ein Exzerpt aus einem wegweisenden Zeit-Werk des Philosophen Martin Heidegger sein.

2 EIN „BERÜHRUNGBILDSCHIRM", neudeutsch Touchscreen, ist schon eine praktische Sache. Vorausgesetzt, man ist handwerklich geschickt, kennt sich mit „graphischen Druckknöpfen" aus und weiß die „Losung". Aber dann ist es wirklich ganz, ganz einfach.

3 IN JORDANIEN sind die Hygienevorschriften verschärft worden. Wer dagegen verstößt, muss mit gepfefferten Bußgeldern rechnen. Allerdings sollte das Strafmaß für falsche Übersetzungen ebenfalls überdacht werden – wer „toilet paper" mit „toilet pepper" verwechselt, muss in Zukunft mit Konsequenzen rechnen. Wir verurteilen solchen Unfug jedenfalls in aller Schärfe.

Mechthild Jansen

Ischia, Italien

SPAGHETTI Aglio e Olio – ein einfaches Gericht. Man kann es aber auch kompliziert machen, zum Beispiel, nur so als Vorschlag, indem man Tomaten vom Berg holt und Früchte aus dem Meer und damit den Knoblauch „retuschiert“. Aber Vorsicht mit dem scharfen Zeugs, leicht kann sich ein „Kneifen“ von irgendeinem Chili einstellen, und das ist sehr, sehr unangenehm.

Mechthild Jansen

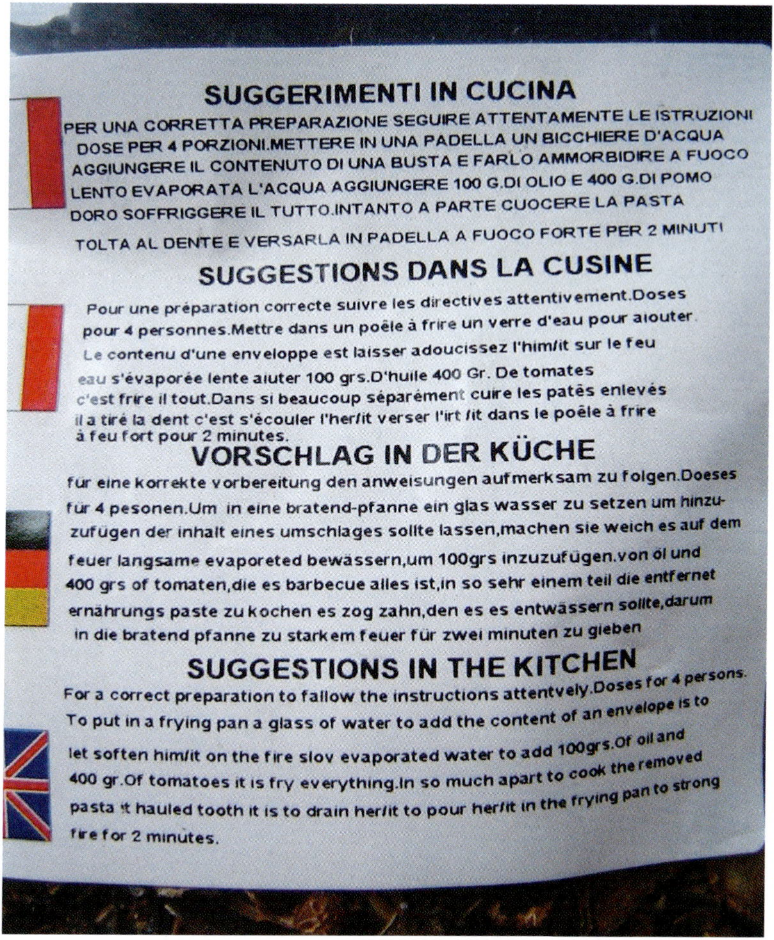

Ischia, Italien

DER KOCH soll den „Anweisungen“ auf dieser Gewürzmischung aufmerksam folgen, was gar nicht leicht ist. Es fängt schon damit an, dass man ein Glas Wasser in eine Pfanne setzen und dieses mit dem Inhalt eines Umschlages auf dem Feuer weich machen soll. Die „ernährungs paste“ muss dann so gekocht werden, dass „es zog Zahn“. Das klingt schmerzhaft, heißt aber nur „al dente“.

Barbara Lennartz

1

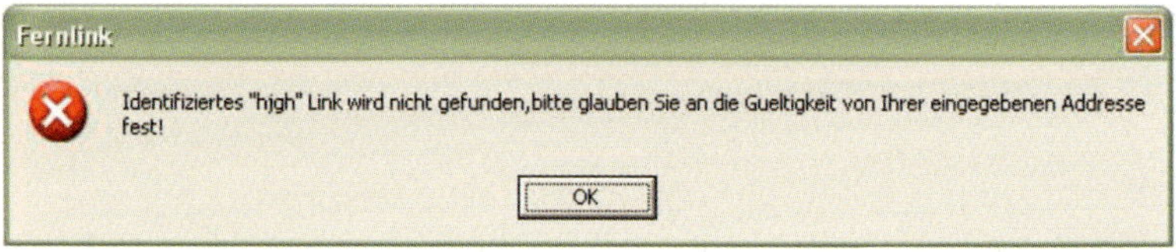

Wolfgang Kulzer

2

1 PLÜSCHTIERE müssen nicht sprechen können. Aber wenn ein Tier mit so einem Etikett auf Käufer wartet, muss man befürchten, dass es einen Sprachfehler hat. Das Motto des Herstellers klingt sehr süß, aber auch ein bisschen blöd: „Cake one and have fun." Kuchen eins und hab Spaß? Der Hinweis auf der Rückseite lässt befürchten, das Tier sei von einem übergeschnappten Exil-Schwaben entworfen worden, der genauso schlecht Englisch wie Hochdeutsch kann: „She kaufed end geschedr das Freude bridge." Oh je, wenn das Stofftier doch spricht?

Raimund Kutter

3 *Frascati, Italien*

2 COMPUTER sind mystische Maschinen. Sie machen, was sie wollen. Wenn Sie schlecht drauf sind, melden sie einen „schweren Ausnahmefehler" und verweigern den Dienst. Das stimmt nicht? Maschinen haben keine Seele? Doch, und wenn der PC es gut meint, dann ermuntert er den User, fest an die Gültigkeit der eingegebenen Adresse zu glauben.

3 IN FRASCATI gibt es einen süffigen Weißwein und das noch süffigere „SFWasser". Man kommt allerdings nur in seinen Genuss, wenn man es immer zieht. Man findet es an einem Ort, der „Badsu" heißt und sich ziemlich gewaschen hat.

Astrid Herzog

INSTRUCTIONS FOR THE USE OF PUBLIC CONVENIENCES

Only one person at a time may enter the toilet. Children must always be accompanied by an adult.

Insert coins (two 100 lire coins or one 200 lire coin) when the green indicator shows LIBERO (vacant).

Stand in front of the automatic door and wait for it to open.

Enter, wait for the door to close and use the services you need (w.c. - toilet paper - soap - water - electric hand-dryer - clothes-hangers).

To go out of the building, press the green button on the left of the door.

The next person who wisches to use the toilet must wait for the door to close, allowing time for cleaning and disinfection.

Warning: if you do not enter the toilet immediately, the door will close again; it will open a second time, but if you do not enter the second time it opens, you must re-insert the necessary coins.

ANWEISUNGEN FÜR DAS GEBRAUCH DER HIGIENISCHE DIENSTE

Die Beitretung zu der Toilette ist für jedes Gebrauch, einem einzeln Person eingewilligt. Die Kinder müssen immer von einem Erwachsener begleitet werden.

Die Münzen (2 Stücke von 100 Lire, oder 1 Stück von 200 Lire) einfügen, nachdem der grüne Spächer FREI zeigt.

Sich sofort vor der automatische Tür stellen, und auf die Eröffnung warten.

Eintreten, auf das Schliessen der Tür warten, und die verschiedene Dienste verbrauchen. (w.c. - Toilettenpapier - Seifel - Wasser - Elektrische Handtücher - Kleiderhacken).

Nachdem man den Dienst verbraucht hat, um auszugehen, man muss nur den grünen Knopf an der linke Seite der Tür drücken.

Für das nächstes Gebrauch man muss auf das Schliessen der Tür warten, weil das Abwaschen und die disinfektion vorfällt.

Anmerkungen: Wenn man nicht sofort den Dienst verbraucht, die Tür wird zu gehen; und es wird eine neue Möglichkeit zu dem Verbrauch gegeben, wenn die Tür wieder aufgeht.
Wenn der Dienst auch nicht bei der zweite Möglichkeit verbraucht wird, man muss die Münzen wieder einfügen

1 *Toskana, Italien*

Anja Gehl

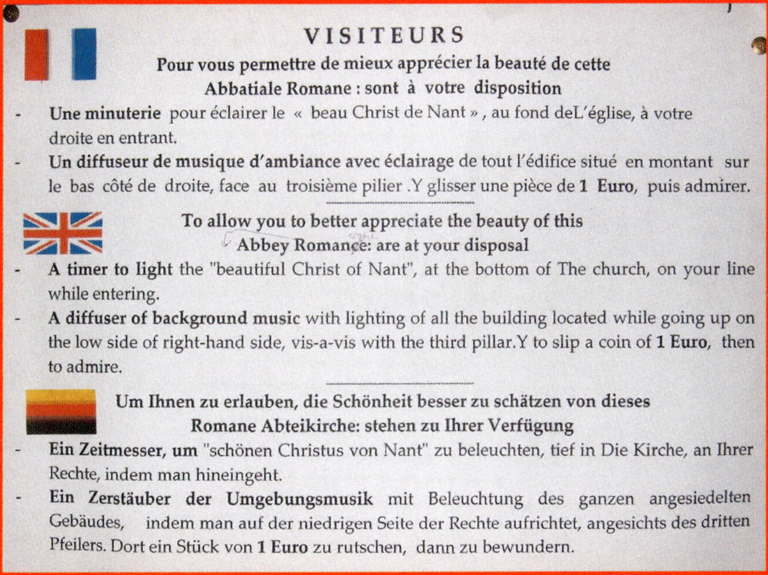

VISITEURS

Pour vous permettre de mieux apprécier la beauté de cette Abbatiale Romane : sont à votre disposition

- **Une minuterie** pour éclairer le « beau Christ de Nant », au fond deL'église, à votre droite en entrant.
- **Un diffuseur de musique d'ambiance** avec éclairage de tout l'édifice situé en montant sur le bas côté de droite, face au troisième pilier .Y glisser une pièce de **1 Euro**, puis admirer.

To allow you to better appreciate the beauty of this Abbey Romance: are at your disposal

- **A timer to light** the "beautiful Christ of Nant", at the bottom of The church, on your line while entering.
- **A diffuser of background music** with lighting of all the building located while going up on the low side of right-hand side, vis-a-vis with the third pillar.Y to slip a coin of **1 Euro**, then to admire.

Um Ihnen zu erlauben, die Schönheit besser zu schätzen von dieses Romane Abteikirche: stehen zu Ihrer Verfügung

- **Ein Zeitmesser, um** "schönen Christus von Nant" zu beleuchten, tief in Die Kirche, an Ihrer Rechte, indem man hineingeht.
- **Ein Zerstäuber der Umgebungsmusik** mit Beleuchtung des ganzen angesiedelten Gebäudes, indem man auf der niedrigen Seite der Rechte aufrichtet, angesichts des dritten Pfeilers. Dort ein Stück von **1 Euro** zu rutschen, dann zu bewundern.

2 *Nant, Frankreich*

1 EINE SCHICKE Idee: Für die Benutzung dieser Toilette an einer italienischen Autobahnraststätte muss man einer Art Club beitreten. Die Regeln zur Toilettenbeitretung sollte man aber genau lesen. Das kann dauern, denn sie sind nicht leicht zu verstehen. Dann muss man sich nur noch vor die automatische Tür stellen und auf die Eröffnung warten. Kleiner Tipp: Nicht in den Club eintreten, wenn man dringend etwas vorhat.

2 DIE KIRCHE von Saint-Pierre ist uralt, aber technisch hochmodern ausgerüstet. Ein „Zerstäuber der Umgebungsmusik" beleuchtet das ganze Gebäude, und ein „Zeitmesser" erhellt einen schönen Christus. Die Apparate sind leicht zu bedienen: Gäste müssen nur „ein Stück von 1 Euro zu rutschen, dann zu bewundern". Demnächst soll in der Kirche übrigens ein Übersetzungs-Zerstäuber in Betrieb genommen werden.

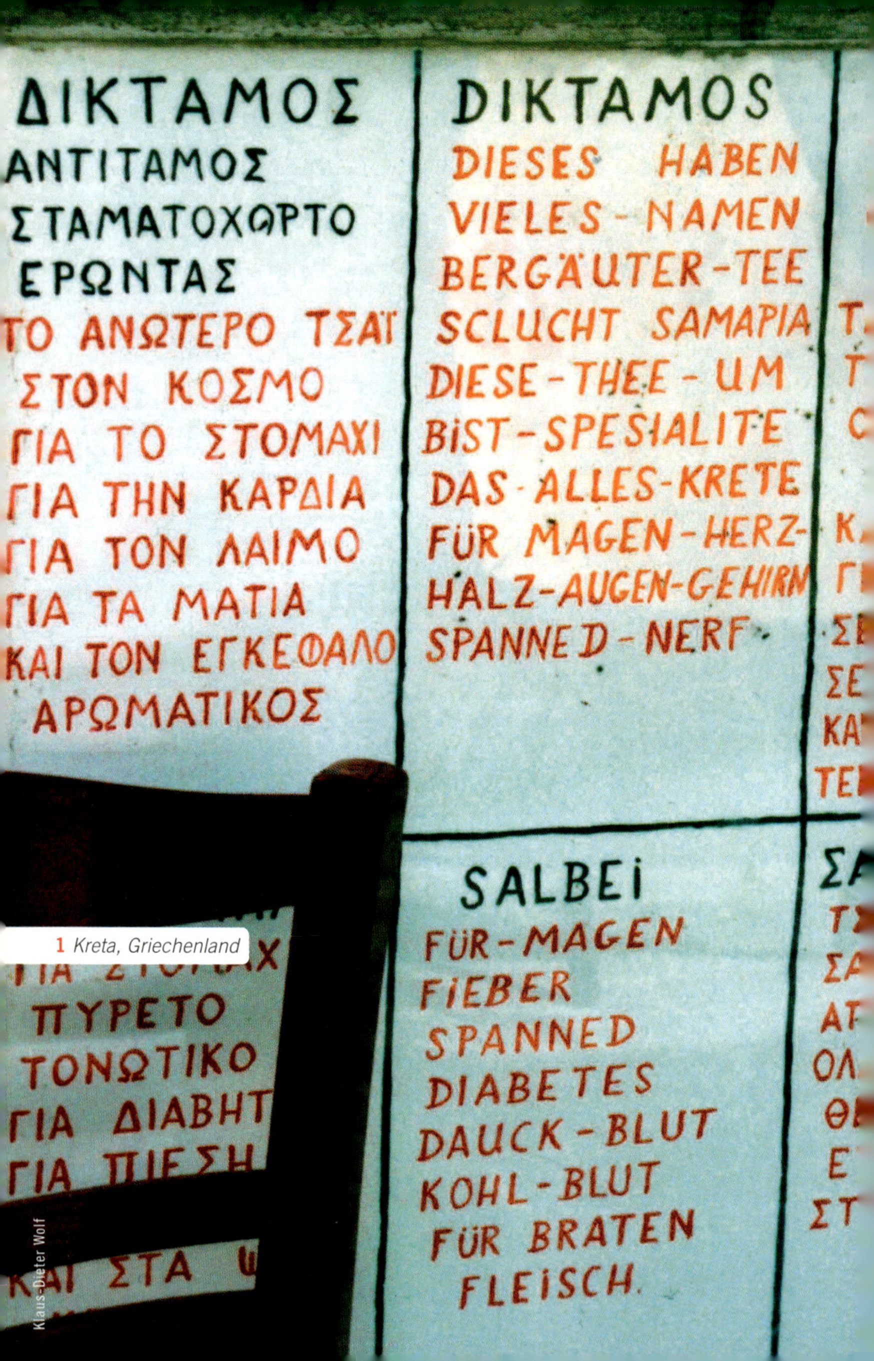

1 *Kreta, Griechenland*

Klaus-Dieter Wolf

Johanna Pavliashvili

2

1 WISSEN über Kräuter ist wertvoll. Wer sich ein bisschen damit auskennt, kann Wundersames bewirken. Nehmen wir nur den Salbei: Für Magen, Fieber, „Spanned", „Dauck-Blut", „Kohl-Blut". Kein Mensch weiß, was das sein soll, aber das macht nichts, denn zum Braten oder zum Fisch schmeckt Salbei auch gut.

2 BRATEN IM WOK geht zackzack: heiß machen, Öl rein, Essen rein, zisch, fertig. Aber ganz so einfach ist es dann doch nicht, wie die Bedienungsanleitung „Das wichtige Bewegen-Braten Kochen-Geraet in chinesischer Kochkunst" lehrt. Es geht schon mit den komplizierten Vorbereitungen los. Alles muss möglichst klein geschnitten werden, selbst Korn – eine echte Fieselarbeit. Noch schwieriger ist es, eine ganze Ente in 1 ½ zu schneiden, Hälften und Viertel kennt man ja, aber aus einer Ente eineinhalb machen, das grenzt an Zauberei.

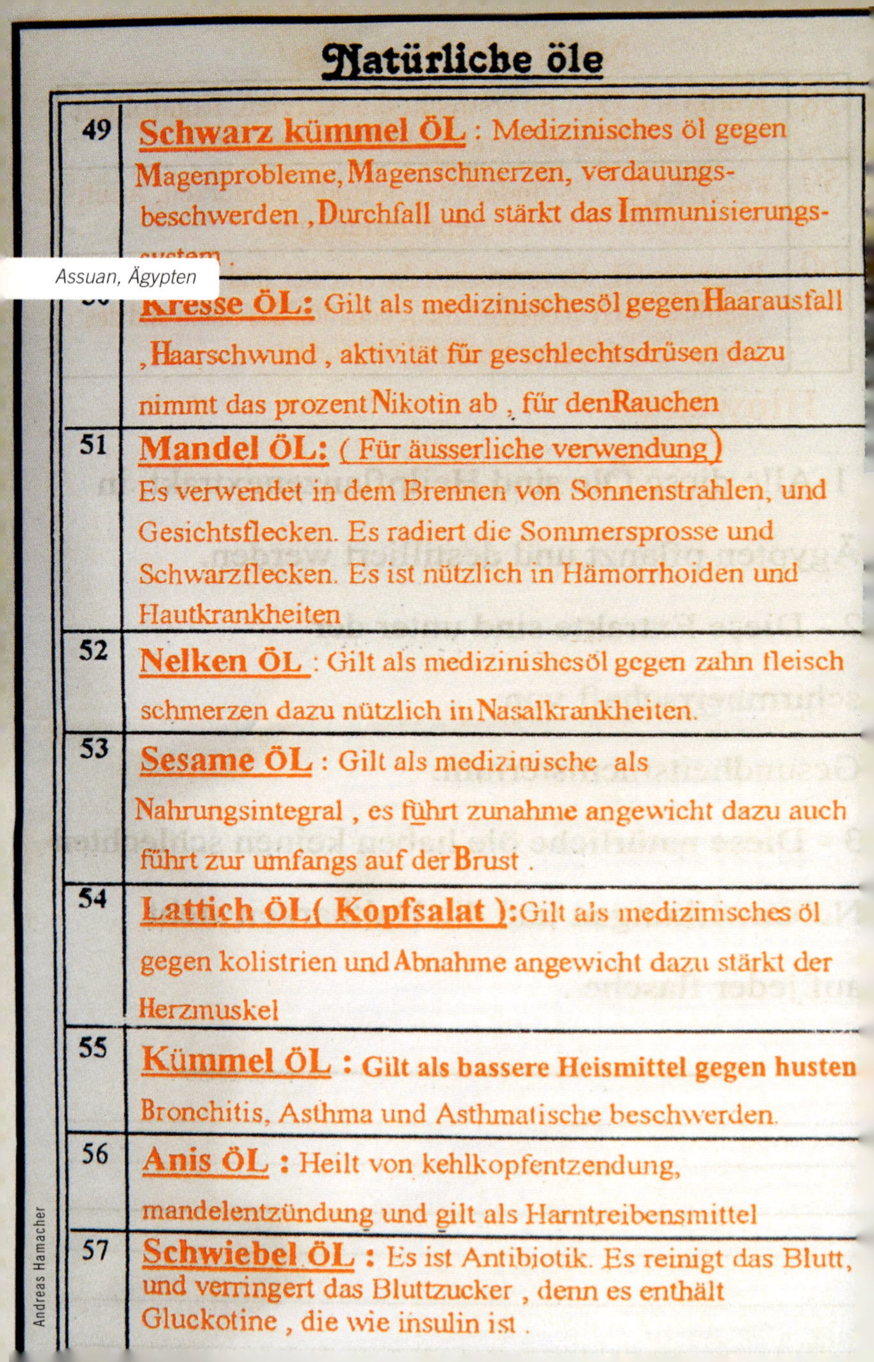

Assuan, Ägypten

Andreas Hamacher

Naturliche öls

58	**Koblauch ÖL**: Es erstreckt die Arterien, Kontrolliert den Blutdrück, Widersteht die Körpersgifte.
59	**Fennel ÖL** : Es lindert die periodeschmerzen, Auch es ist nutzlich fur Nierenetzundungen
60	**Petersilie OL**: Es zerbröckelt die Griessen und führt zum hamfluss, auch versteigert die produktion des Mann und des Weibs . Es ist Schmerzlindernd fur Nieren

Hinweise :

1-Alle diese Öle sind Heilpflanzenextrakt, in Ägypten pflanzt und destilliert werden.

2 - Diese Extrakte sind unter der schirmherrschaft von Gesundheitsmenisterium.

3 - Diese natürliche öle haben keinen schlechten Nebenwirkungen und die Haltbarkeit steht auf jeder flasche .

OLIVENÖL und Sonnenblumenöl sind gut und schön, aber es gibt Pflanzenöle, die wirklich erstaunliche Dinge bewirken können. Mandelöl „radiert die Sommersprosse", Sesamöl führt zu „umfangs auf der Brust", „SchwiebelÖl" ist „Antibiotik", Petersilienöl „versteigert die produktion des Mann und des Weibs". Das klingt sprachlich nicht ganz flüssig, aber das nimmt man gerne in Kauf, wenn es dafür mit der Produktion „des Mann und des Weibs" richtig flutscht.

Theo Buess

Liebe Leser!
Von wegen „Spreaken Deutch“! Daheim oder unterwegs, im Kurzurlaub oder auf einer großen Reise – sicher begegnen auch Sie immer wieder skurrilen „Übelsetzungen“. Bitte sammeln Sie weiter und schicken Sie uns Ihre persönlichen Fundstücke per Post oder per E-Mail zu. Vielen Dank!

Post: Langenscheidt Verlag,
Redaktion Wörterbücher,
Kennwort „Übelsetzungen“,
Postfach 40 11 20, 80711 München

E-Mail: wb@langenscheidt.de,
Betreff: Übelsetzungen